法律文书写作

王文生　王岳卿 ◎编著

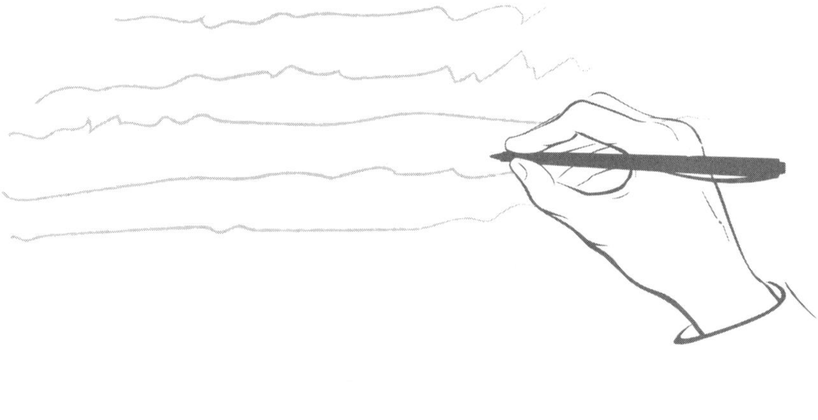

電子工業出版社
Publishing House of Electronics Industry
北京・BEIJING

内 容 简 介

本书分为9章，第1章介绍法律文书的写作规范；第2章至第9章则依次为公安机关法律文书、检察机关法律文书、人民法院法律文书、监狱法律文书、公证法律文书、仲裁法律文书、民用诉讼法律文书、民用非诉讼法律文书，本书根据最新的格式规范对每一种文书都予以系统介绍。

本书具有很强的实用性和可操作性，有助于读者在短时间内学以致用——既能掌握法律文书写作的理论知识，又能学会各种法律文书的写作方法和技巧。

图书在版编目（CIP）数据

法律文书写作 / 王文生，王岳卿编著 . —北京：电子工业出版社，2021.12
ISBN 978-7-121-42012-2

Ⅰ . ①法… Ⅱ . ①王… ②王… Ⅲ . ①法律文书－写作－中国 Ⅳ . ① D926.13

中国版本图书馆 CIP 数据核字（2021）第 192035 号

责任编辑：王小聪
印　　刷：三河市鑫金马印装有限公司
装　　订：三河市鑫金马印装有限公司
出版发行：电子工业出版社
　　　　　北京市海淀区万寿路 173 信箱　　邮编：100036
开　　本：720×1000　1/16　印张：15.25　字数：258 千字
版　　次：2021 年 12 月第 1 版
印　　次：2022 年 7 月第 2 次印刷
定　　价：49.80 元

凡所购买电子工业出版社图书有缺损问题，请向购买书店调换。若书店售缺，请与本社发行部联系，联系及邮购电话：（010）88254888，88258888。

质量投诉请发邮件至 zlts@phei.com.cn，盗版侵权举报请发邮件至 dbqq@phei.com.cn。

本书咨询联系方式：（010）57565890，meidipub@phei.com.cn。

前　言

法律文书是进行各种法律活动和处理法律事务的产物。作为记载法律活动的载体，它对各种法律活动的启动和深入发展，以及法律事务问题的解决都产生了明显的作用。

法律文书是法律专业人员履行其职责的一个重要书面表达形式，是国家司法权的重要体现，也是法律专业人员的重要门面。而且，伴随着法律文书社会价值的凸显，人们对法律文书质量的要求也越来越高。因此，了解和认识法律文书的写作基础，以及常用的法律文书的格式写法和写作注意事项，是很有必要的，其意义也是不言而喻的。

法律文书质量的高低，是对其写作者政治修养、业务素质和文字表达能力的综合检验。一份优秀的法律文书，既是写作者知识、经验和业务能力的综合反映，也是写作者工作责任心、工作作风乃至写作风格的反映。

本书分为 9 章，第 1 章介绍法律文书的写作规范；第 2 章至第 9 章则依次为公安机关法律文书、检察机关法律文书、人民法院法律文书、监狱法律文书、公证法律文书、仲裁法律文书、民用诉讼法律文书、民用非诉讼法律文书，编者根据最新的格式规范对每一种文书予以系统介绍。

本书具有很强的实用性和可操作性，有助于读者在短时间内学以致用——既能掌握法律文书写作的理论知识，又能学会各种法律文书的写作方法和技巧。在编写上编者注重理论与实践相结合，对每一种文书的概念、法律依据、适用条件、写作格式等方面进行了系统论述，阐明了写作法律文书的基本步骤和正确方法，以及法律文书写作中经常出现的各种问题及解决技巧。

尽管编者在编写过程中十分谨慎，但是仍会有缺点和错误，不妥之处，恳请读者批评指正。

编者

目　录

第 1 章　法律文书的写作规范

第 2 章　公安机关法律文书

第 3 章 检察机关法律文书

第 4 章 人民法院法律文书

第 5 章 监狱法律文书

第 6 章 公证法律文书

第 7 章 仲裁法律文书

第 8 章 民用诉讼法律文书

第 9 章 民用非诉讼法律文书

第1章 法律文书的写作规范

法律文书是一种实用性很强的专用文书，专门运用于法律领域，有其独特的读者对象和职能，以及特殊的写作主体、内容和形式。

写作法律文书，首先应对法律文书的主旨、材料、结构、表达方式以及语言等基本要素有所了解。

1.1 法律文书概述

随着我国法制建设的进一步加强和完善，在实际生活中，利用法律手段维护自己的合法权益已经成为一种普遍意识。

法律文书，作为记载法律活动的载体，在司法实践和普通公民的日常生活中越来越重要。

法律文书，是指为实现法律赋予的权利和履行法律规定的义务，根据事实和法律制作的具有法律效力或法律意义的一系列应用文体的总称。其制作主体包括国家立法机关、司法机关、行政机关、处理法律事务的其他组织以及参与各种法律事务活动的当事人及其代理人。

法律文书包括规范性法律文书和非规范性法律文书。

规范性法律文书，是指国家立法机关、司法机关、行政机关以及其他经法律授权的组织依法制定的法律、行政法规、地方性法规、行政规章等。它的特点是具有普遍约束力，适用于所有人的行为规范。例如，《中华人民共和国民法典》《中华人民共和国经济法》等。

非规范性法律文书，既包括公安机关、检察机关、人民法院和监狱在司法活动中依法制作的法律文书，又包括仲裁机构、公证机构为解决争议或非争议法律问题而制作的法律文书，还包括当事人、法定代理人、诉讼代理人（主要是指律师）和律师事务所依法制作的各种具有法律意义的法律文书。它的特点是不具有普遍约束力，只针对特定的人或特定的事。

本书中所指的法律文书，就是指非规范性法律文书。

总之，法律文书不是凭空臆造的，它是法律活动的主体，即自然人、法人及国家机关为实现其权利、履行其义务而采取的具体行动的客观标志。

1.1.1 法律文书的作用

法律文书是进行各种法律活动和处理法律事务的产物，因此，法律文书并不是孤立地发挥作用，而是和各种法律活动的进展以及法律事务的处理同步发挥作用的。它对各种法律活动的启动和深入发展，以及法律事务问题的解决都产生了明显的作用。

法律文书既是具体实施法律的重要工具，又是诉讼活动顺利进行的重要保证，以及诉讼活动和非诉讼活动的真实记录。

1.1.2 法律文书的种类

法律文书涉及面非常广泛，而且种类繁多，可以按照不同的标准对其分类。

按照制作主体的职能不同，法律文书可分为公安机关法律文书、检察机关法律文书、人民法院法律文书、监狱法律文书、公证法律文书、仲裁法律文书，以及当事人及其他诉讼参与人制作的法律文书等。

按照写作和表达方法的不同，法律文书可分为文字叙述式法律文书、填空式法律文书、表格式法律文书和笔录式法律文书。

按照功能的不同，法律文书可分为报告类法律文书、通知类法律文书、判决类法律文书、裁定类法律文书、决定类法律文书、笔录类法律文书等。

本书的体例就是根据制作主体的职能不同依此排列的。

1.1.3　法律文书的特点

作为一种反映法律活动的专用文书，法律文书具有不同于其他文书的显著特点。

1. 制作的合法性

法律文书是为了处理特定的法律事务而制作的，是法律具体实施的重要工具，必须依法制作。合法性是法律文书区别于其他文书的本质特征。

法律文书的合法性表现在两个方面：一、法律文书的制作必须严格按照程序法的有关规定依法制作，绝不允许违法制作法律文书；二、法律文书中对案件的分析说理和对案件的处理，必须以有关实体法为依据，要求准确运用和引用相关法律条款。

2. 形式的规范性

法律文书是一种高度规范化的文书。形式的规范化，可使法律文书的制作更加方便、更加规范。在实践中，对法律文书的制作，国家有关机关下发了规范的样式和要求，有关机关和个人在制作法律文书时，必须严格遵守有关规定。

法律文书的规范性表现在两个方面：一、法律文书的制作必须严格遵照其外在的表现形式，即固定的结构；除少数法律文书外，绝大部分法律文书都有固定的结构；二、法律文书的内容写作要求用语规范化。

3. 效力的稳定性

具有法律效力或者法律意义是法律文书与一般的行政文书的显著区别。法律文书的制作是具体适用法律的结果。其中，有大量的法律文书是司法机关对案件处理的结果，这些文书生效后，其效力是法定的。对具有强制执行效力的法律文书，任何机关、单位和个人都必须执行或认可，不得违抗和任意改变，否则，就要承担一定的法律后果。

4. 用语的客观性

法律文书的写作必须本着实事求是的原则，用准确的语言揭示案件的本来面貌，全面阐述案件的各个方面，客观地表述案件事实，而不可夸大或篡改客观事实；同时，切忌用矫揉造作、华而不实的文学手法来修饰所要表达的内容。

除以上几点，法律文书还有实效性，即任何法律文书都是为了解决实际法律而制作的，所以它也讲求实效性。

1.2 法律文书主旨的确立

写作法律文书，首先应对法律文书的一些基本要素有所了解，这些要素包括主旨、材料、结构、表达方式以及语言等，它们贯穿于法律文书写作的整个过程。

确定法律文书的主旨，是法律文书写作的一个根本问题。能否确立鲜明的法律文书的主旨，关系到法律文书制作的成败。

法律文书的主旨，是指法律文书制作者在文书中所反映的制作目的及其主张。

对于法律文书的制作者来说，一般在文书制作之前就已经有了明确的写作目的和该文书所要表达的中心思想。比如，在民事诉讼中，原告因自身合法权益遭受侵害，而且证据确实充分，因而制作起诉书。制作起诉书的目的就是请求人民法院启动审判程序，通过审判活动确定被告的行为系违法或者侵权行为并予以民事制裁，以维护自己合法的民事权益。这就是该起诉书的主旨。

在具体写作中，法律文书的主旨是文书的“灵魂”和“统帅”。它引领写作方向，决定着材料的取舍，支配着文书的谋篇布局，制约着文书制作者对表达方式的选择。总之，它对于法律文书的制作及其质量的提高，都有着十分重要的作用。

1.2.1 确立法律文书主旨的原则

确立法律文书的主旨应遵循以下两个原则：

1. “以法律为准绳”的原则

法律文书是实施法律的一种工具，因而作为体现法律文书核心思想的主旨必须符合“以法律为准绳”的原则。这是确立法律文书主旨的前提。

只有程序合法，且符合法律要求和具有法律性质的法律文书，才能受到法律的保护。

2. “以事实为依据”的原则

法律文书的主旨必须符合“以事实为依据”的原则。法律文书虽有很多种类，所反映的案情千差万别，所适用的法律也各不相同，但其主旨的确立都必须以事实为根据。

事实，是确立法律文书主旨的基础。如处理刑事案件时，犯罪事实就是人民法院进行定性定罪和判处刑罚的根据；处理民事案件时，争议的事实是确定双方当事人权利和义务的根据；处理行政案件时，事实就是行政机关判定当事人的行政行为是否合法的根据。

1.2.2　法律文书主旨的写作要求

在写作法律文书时，应做到主旨鲜明、集中。

1. 鲜明

所谓鲜明，是指制作法律文书的目的要明确，提出的意见要突出，换句话说，即文书制作者应旗帜鲜明地表达自己的立场和观点。法律文书写作必须主旨明确、突出，肯定什么，否定什么，应有理有据，一目了然，切不可含混不清。

若一份法律文书的主旨含混不清，不能立场鲜明地表达主旨，讲不清道理和观点，分析问题抓不住要害，处理案件缺乏明确的态度，让人读后感到茫然，则难以付诸实施。

2. 集中

所谓集中，是指一份法律文书中要表达的观点原则上只能有一个。这个观点应当针对性强，清楚地表达要解决的问题：即通过对案件事实和有关法律的认真分析，从而确定文书的主旨，并在表达的过程中，紧紧围绕这个主旨来展开，不要偏离主旨。

在法律文书写作中，最忌讳一份文书中面面俱到，分不清主次。

一般来说，法律文书的主旨应力求做到集中、单一，一文一事，一题一议，就题论事。

1.3 法律文书的选材

犹如搞建筑需要砖瓦、木料、钢材、水泥等原材料一样，法律文书写作也需要一定的文字材料来表达主旨内容。缺乏材料，写作将难以完成。

法律文书的材料，是指文书制作者为了某一写作目的，从办理的法律事务中，搜集、摄取并经分析、归纳、取舍后写入文书中的一系列事实、证据、法律条款和法学理论。简而言之，法律文书的材料就是反映案件事实的资料和解决案件所依据的国家法律。

材料是构成法律文书的重要因素。如果说主旨是法律文书的“灵魂”，那么材料就是法律文书的“血肉”。主旨一旦确立，材料就是表现主旨的重要支柱。在具体制作法律文书时，结构的安排、内容的表达方式以及语言的运用，都受材料的制约。

在法律文书写作过程中，一旦确立了主旨，文书制作者就应围绕主旨选择材料。

1.3.1 材料的获取

法律文书的材料包括事实材料和法律材料两个方面。

事实材料包括写入法律文书中的当事人及相关人在诉讼或非诉讼案件中的基本情况、案件事实和证据材料。基本情况一般包括姓名、性别、年龄、籍贯、文化程度、职业、住址等，这是撰写法律文书首部时所使用的主要材料。案件事实和证据材料一般包括案件或者事件发生、发展和结果的各类事实要素（如时间、地点、原因等），涉及人和数额以及证明某一事实存在或者不存在及其相关的各种证据材料。这部分内容是法律文书正文叙述案件或者事实时使用的材料。

法律材料包括论证材料和法律条款。前者主要有法学理论，法的基本原则、基本原理以及相关的政策等。后者即据以立案、定案或者对某一诉讼程序或者事项的确认而引用的相关法律、法规以及相关的司法解释。

获取事实材料有两种方式：一、通过办案人员的调查、勘验、搜查、讯问、询问等方式直接获取物证、书证、证人证言、当事人陈述等证据材料；

二、通过查阅其他机关移送的卷宗材料和接收当事人及其辩护人、代理人提交的诉状、申请书、证据材料、辩护词、代理词等方式间接获取。

1.3.2　材料的筛选

获取这些材料之后，还要对其进行严格的筛选，即留用哪些材料，舍弃哪些材料。在筛选材料时，必须遵循以下原则：

1. 材料要符合法律规定性的要求

筛选法律文书的材料时，必须保证所选材料符合法律规定性的要求，只有这样，所制作的法律文书才具有法律意义。

2. 筛选材料应紧紧围绕主旨进行

筛选材料的目的，是为了说明写作法律文书的目的或意图。因此，筛选材料就应当紧紧围绕主旨表达的需要，选用足以说明主旨的材料，与主旨无关的材料果断舍弃。

3. 材料要客观真实

制作法律文书是用来处理案件、办理法律事项的。因此，所筛选的材料必须客观真实。这里的“客观真实”，一是指材料不能有半点虚假，既不能夸大，也不能缩小，更不能编造虚构，无中生有；二是指材料应当查证属实，并且有确实、充分的证据予以证明。

4. 材料要有针对性

筛选材料时要有针对性，应根据案件中需要解决的问题筛选材料，且筛选出来的材料要能够恰如其分、合法合理地解决案件中的法律问题；同时，不能张冠李戴，或移花接木。

1.4　法律文书的结构

如果说主旨是法律文书的灵魂，材料是法律文书的血肉，那么结构就是法律文书的骨架。可见，结构对于法律文书写作来说，是一个不可忽视的要素。

法律文书的结构，是指构成法律文书的基本框架，即文章内容的组织方式和内容各部分之间的关系。其具有结构内容固定性、格式化的特点。

法律文书的结构包括内容结构和外部结构。

法律文书的内容结构，是指决定法律文书内在联系的各个组成要素之间的有机结合；一般由事实、理由和结论三部分构成。

法律文书的外部结构，是指法律文书的外在表现形式；一般包括首部、正文和尾部。

1.4.1 首部

首部，即法律文书的开头部分。它是法律文书的重要组成部分。其内容要素一般包括：文书名称、文书编号、诉讼主体与诉讼参与人或非诉讼主体的基本情况、案由或者事由、案件来源和处理过程等。首部的构成要素因文种的不同而有所增减。

在制作具体法律文书时，制作者应严格按照主管机关下发的文书样式的相关规定制作首部。

1.4.2 正文

正文是法律文书的核心部分，几乎每个法律文书都包括事实及证据、理由和处理结果三部分内容。但是，在法律文书的具体写作过程中，正文的写作是不完全相同的。比如，写作人民检察院的起诉书时，需要将事实及证据作为一部分，理由和处理结果作为另一部分列写；而写作人民法院的判决书时，需要将事实及证据、理由和处理结果三部分分别列写。

事实及证据是处理案件和认定法律事项的客观依据，也是定案的基础。不同的法律文书，事实及证据的内容及其结构形式也不尽相同。在具体写作过程中，这部分主要使用的是叙述的表达方式，但有时在叙述过程中也会用到说明的方法，如在叙述事实过程中或叙述之后对证据进行说明。

理由，上接事实及证据，下连处理结果，处于承上启下的纽带地位。这一部分主要包括事实理由和法律理由两个方面。事实理由是指对法律事实及其证据的分析、认定；法律理由是指对具体案情的法律认识和法律适用。法律文书的种类不同，理由的内容也不相同，但写作方法主要是说理，即依法说理，或依法而论。

处理结果是文书制作者依据已经查明的事实、证据和有关的法律规定，对案件所作出的处理决定或者对某一法律事项所作出的结论。在各种法律文书中，处理结果部分有多种不同的内容及表达形式。

1.4.3　尾部

尾部是法律文书的结束部分，一般包括告知事项或致送机关、签署人、签署日期、用印、附注说明等内容。尾部程式严格，用语简短、固定。

法律文书的尾部必须严格遵照相关规定去写，不能任意取舍，否则会影响文书的效力。

1.5　法律文书的写作要求

无论是确立主旨、选材，还是文书的结构，均是为了法律文书的写作。法律文书作为实用性很强的一种应用文体，有着鲜明的文体特点。

1.5.1　法律文书的表达方式

法律文书自身的特点决定了它对表达方式的选择，即以叙述、议论、说明为主。

1. 叙述

叙述是法律文书写作中最基本、最常用的一种表达方式。法律文书中事实部分的写作，主要靠叙述来完成。在法律文书写作中，叙述的方式有顺叙、倒叙、插叙、补叙、平叙；常见的叙述方法有突出法、综合归纳法、总分法。

但是，不论写作者运用的是哪种叙述方式，都应注意：将构成案件事实的有关要素交代清楚；突出重点，对关键事实要素详写，对其他事实要素简写；有因果关系的，必须将因果关系交代明确；准确写清案件中的争议焦点。

2. 议论

议论，即“说理”，是法律文书写作中不可缺少的表达方式之一，通常用于正文的理由部分。一份优秀的法律文书，仅有充分的论据（事实、法律）、正确的论点（结论）尚不够，还必须具备严密有序的推理论证过程，以使最后的结论建立在事实和法律基础之上。

采用议论这种表达方式，必须做到：遵循以事实为根据的原则，结合具体案件事实进行分析论证，阐明处理的理由；引证法律根据时，应力求准确、具体、完整。此外，法律文书的议论不是空泛的，而是具有极强的针对性。只有这样，才能得出合法合理的结论；只有这样，才能令当事人服从判决。

3. 说明

在法律文书写作中，说明这种表达方式运用得比较广泛。比如，笔录类文书中的现场勘查笔录，要运用说明这种表达方式来介绍地理位置、现场遗留物等。

在运用说明的方式写作时，应当做到：实事求是，如实再现其原始状貌；说明事物或问题时要严密周详，不能以偏概全，不能有疏漏；注意语言表达的条理性和文字结构的层次性，要言之有序。

1.5.2 法律文书的语言规范

法律文书的语言产生于法律工作中，它具有自己的特点和规律。因此，法律文书写作，必须注意其语言的特点、运用规则及表达方式。

1. 正确使用法律术语，杜绝生造

法律术语，即使用于法律领域内的专门用语。法律文书的写作需要运用大量的法律术语，尤其在法律的书面语言中运用广泛。例如有关诉讼参与人的称谓，在民事法律文书中，有原告、被告、第三人、法定代理人、法定代表人、指定代理人、委托代理人等。在法律文书写作中，一定要注意正确使用法律术语，杜绝生造不符合要求的词语。

2. 语言要准确、朴实、庄重、精练

写作法律文书，不论是说明还是叙述、议论，语言一定要准确、朴实、庄重、精练。

所谓准确，具体到法律文书中，即说明当事人的基本情况要准确无误，记叙案件事实要客观真实，说理要与叙事一致，概括案件性质要准确，分析要得当透彻，引证法律依据要有针对性，作出的处理结果要正确、合理、合法。

所谓朴实，是指语言朴素平实。具体到法律文书中，即文风朴素、语言平实，不要使用华丽的辞藻，避免使用夸张等手法。

所谓庄重，是指语言郑重。具体到法律文书中，即坚持语言的规范准确，摒弃抒情色彩浓厚的词语，摒弃对隐私不加隐晦的直接叙述，摒弃任何粗野、轻率、调侃等不严肃的表达方式。

所谓精练，是指言简意赅。具体到法律文书写作中，即在不影响准确表述和语体风格的前提下，尽量使用简短的词语，叙述也力求概括。但也不是越简短越好，应当是简文而不简事，简而不疏，简而不漏，文约而事丰，切不可片面求简而伤害文意。

第 2 章 公安机关法律文书

公安机关法律文书，包括办理刑事案件过程中制作的文书和办理治安案件过程中制作的文书。本章所介绍的公安机关法律文书主要指的是前者，即公安机关在参与刑事诉讼的活动中，根据《中华人民共和国刑事诉讼法》的规定，为履行其侦查和执行职能所制作的具有法律效力或法律意义的文书的总称。

公安机关法律文书是公安机关履行刑事侦查职能和执行职能的书面表现形式，是公安机关办理刑事案件和执行刑罚的真实记录，是检查侦查办案和执行刑罚工作的执法情况的重要材料，是研究犯罪活动规律和刑罚执行制度的依据。

2.1　受案登记表

受理案件，是指公安机关依法接受公民扭送、报案、控告、举报或者犯罪嫌疑人自首的一项报案制度。

受理案件是公安机关了解案件、发现案件的重要途径，是开展侦查活动的起点，是依法立案的前提和基础。公安机关必须认真地接受群众的报案，并依照法定程序和要求，做好案件的受理工作。

公安机关接受案件时，应当制作受案登记表，这是公安机关受理案件的重要原始材料，应妥善保管、存档备查。对于不属于本单位管辖的，应当先接受再处理。

受案登记表是公安机关受理案件的重要原始材料和证明文书，是公安机关办理案件的第一道法律手续。此表是供领导审查决定是否立案的主要材料依据，如经领导批准立案，此表则是书写立案报告的基础和依据，同时也有利于报案人了解、监督受案单位的工作进展情况。

2.1.1　格式写法

受案登记表由首部、正文和尾部三部分组成，一般由公安机关受案部门填写制作。

1. 首部

首部由文书名称、文书编号、案件来源、报案人和移送单位、接报的基本情况组成。如果是单位移送的，则只填写“移送单位”栏就可以了，“报案人”栏则用横线划掉。

文书名称，即“受案登记表”。

文书编号可按照机关代字、办案部门简称、文书名称简称、文书制作年份、文书序号等内容依次填写，如“× 公 ×× 字〔××××〕第 ×× 号”。

2. 正文

正文部分为简要案情或者报案记录以及是否接受证据。

关于简要案情，首先，写明案件情况是由被害人或其同事、亲属控告陈述的，还是由第三者报案、举报的；其次，要写明已知的案件情况，围绕犯罪构成要件写明犯罪行为的时间、地点、简要过程等。

根据接受案件时了解的情况写明涉案人的主要信息，包括姓名、性别、年龄、单位及住址、特征及特殊标记等。

在这部分，要把已知的受害情况、损失物品的数量、特征写清楚。犯罪行为造成的损害结果，包括受害人的损伤情况，损失了多少物品，受损物品的特征等。

在这一部分，要写明证据和现场情况：

对于控告、举报、报案人报案的，要具体写明他们陈述的案件事实和控告、举报犯罪嫌疑人的根据。如犯罪时间、地点、手段、经过、侵害的对象和结果，犯罪或案发现场的主要情况，发现的经过，有哪些人和哪些事实可以证明犯罪嫌疑人与本案有关等。

对于群众扭送的，要把抓获、扭送的情况，当场发现了哪些犯罪事实，获得了哪些证据，如何获得的，犯罪嫌疑人是否承认犯罪事实，做哪些交代等情况写清楚。

对于犯罪嫌疑人自首的案件，要写明其陈述的主要犯罪事实和证据，并说明其自首的情况，写明在什么情况下、在什么时间和什么地点自首的。

3. 尾部

尾部包括受案意见和受案审批。

（1）受案意见，根据案件事实选择填写即可。

（2）受案审批，由受案部门负责人根据接受案件的不同情况，提出不同的处理意见。

2.1.2 写作注意事项

填写该表时要求语言简洁、客观。

简要案情必须以公安机关办案人员的身份写，不能以报案人第一人称写。

需要注意的是，公安机关受案部门在制作受案登记表的同时，还应当制作受案回执。

2.1.3 范文示例

受案登记表

××××公安局（印章）　　　　×公××受案字〔××××〕第××号

案件来源	□110指令□工作中发现□报案□投案□移送□扭送□其他					
报案人	姓　名		性　别		出生日期	
	证件种类		证件号码			
	工作单位		联系方式			
	现住址					
移送单位		移送人		联系方式		
接报民警		接报时间	年　月　日 时　分	接报地点		

续表

简要案情或者报案记录（发案时间、地点、简要过程、涉案人基本情况、受害情况等）以及是否接受证据：	
受案意见	□属本单位管辖的行政案件，建议及时调查处理 □属本单位管辖的刑事案件，建议及时立案侦查 □不属于本单位管辖，建议移送______________处理 □不属于公安机关职责范围，不予调查处理并当场书面告知当事人 □其他____________________ 受案民警：　　　　　　　　年　月　日
受案审批	受案部门负责人：　　　　　　　　年　月　日

2.2　现场勘查笔录

现场勘查，即案件发生后，侦查人员为了查明犯罪事实，搜集犯罪证据，揭露犯罪行为，依法对与犯罪有关的人和事以及场所、物品、人身、尸体等所进行的现场访问和勘验、检查工作。勘验、检查的情况应当制作现场勘查笔录，由勘验、检查的人及见证人签名或者盖章。

现场勘查笔录，不仅是搜集罪证，发现线索，揭露犯罪行为，查清案件事实的依据，也是甄别犯罪嫌疑人口供、证实犯罪嫌疑人作案或未作案的有力证据，它是公安机关研究犯罪活动情况，制订侦查工作方案，制作有关法律文书的依据。同时，它还是检察机关指控犯罪和审判机关定罪量刑的重要证据材料之一。

可见，现场勘查笔录直接关系到立案、侦查、起诉乃至审判工作，因此，撰写者必须严肃、认真、客观、真实地反映现场勘查情况。

2.2.1 格式写法

现场勘查笔录的书写格式并无特别规定，一般由首部、正文和尾部三部分组成。

1. 首部

首部包括标题、文书编号和笔录头。笔录头一般是印制好的有关项目。

公安机关、监察机关的勘查笔录，标题要写明制作机关名称和文书名称，不能只写文书名称。

文书编号可按照机关代字、办案部门简称、文书名称简称、文书制作年份、文书序号等内容依次填写，如“×××× 字〔××××〕第 ×× 号”。

笔录头包括报案时间，案件发生的时间、地点、发现人、当事人身份事项及其之间的关系，他们叙述的案件情况，勘验人员的组织和分工，勘验起止时间、天气情况等。

人民法院的勘查笔录，笔录头包括时间、天气情况、勘验地点和场所、勘验人、记录人、在场当事人和成年家属、被邀参加人、勘验对象。

2. 正文

正文部分是现场勘查笔录写作的重点，要准确、清楚、详细地写明犯罪现场的勘查过程及结论。

勘验情况包括现场环境情况、现场保护情况。如果是凶杀案件，要记录有关尸体检验情况。

现场环境情况，要说明现场位置、周围环境、现场状况、勘查发现情况、现场拍照、制图、录音、录像等情况；民事勘验情况，要说明物证的名称、种类、质量、规格、外形、大小以及现场其他有关情况。现场保护情况，要说明现场有无破坏以及现场保护人员的身份等事项。如果是凶杀案件，要说明尸体检验的有关情况。

勘验结论，是案件现场状况通过勘查后的真实反映，是揭示案件现场状况本质特征的客观依据。

勘验结论的记录内容，包括发现和提取的痕迹、物证及犯罪遗留物的名称、数量、特征，以及提取的具体地点和位置；拍摄现场照片和绘制现场图以及录像的种类、数量。

3. 尾部

尾部，主要包括附项和落款。

（1）附项，即分别说明照相、制图、录音、录像、提取物证的名称及数量。

（2）落款，即签名或盖章。若是民事勘验笔录，则由勘验人、当事人、被邀参加人签名或盖章；若是刑事勘验笔录，则由参与勘验 / 检查的人、见证人和记录人签名或盖章。最后注明日期。

2.2.2　写作注意事项

在撰写现场勘查笔录时，应边勘查边记录，当场成文，以免记录内容失实、误差、遗漏、重复和紊乱。

在撰写现场勘查笔录时，应重点突出，详略得当。

在撰写现场勘查笔录时，务必保持记录内容的真实性和客观性；不可凭自己主观臆断，对案情妄下论断。

在撰写现场勘查笔录时，用语要明确，叙述要清楚，要使笔录内容与客观事物本来面貌一致。数字要具体、准确，物品的大小要表述准确，距离的长短要丈量清楚，如实记载，不能使用模糊的语言。

2.2.3　范文示例

××××公安局

现场勘查笔录

××××字〔××××〕第××号

时间：××××年××月××日××时××分至××时××分

勘验地点 / 检查对象：××××

检查证或者工作证件号码：××××

勘验 / 检查人员姓名、工作单位、职务（职称）：××××

勘查情况和结果：

××××年××月××日××时××分，××市公安局××××派出所电话报称：××县××村后山树林中发现一辆被抛弃的小轿车内有一具男尸，死者系遭枪杀而亡。现场已作保护，请求派人勘查现场。

接报后，××市公安局×××、×××、×××、×××、×××共5人，于××时××分赶到现场，并开始对现场进行勘查。现场勘查从××点××分开始，当日天晴，微风，在自然光线下进行。

现场位于××村后山盘山公路下××米处，距东边电线杆××米，距西边堑沟××米。现场是一片松树林，林中有1.5~2米高的灌木丛，林木树叶茂盛。

中心现场位于一个约××平方米的缓坡略平的空地，小轿车撞靠在一棵周长0.3米的松树干上，车下灌木柴草被压倒。从盘山公路至轿车停稳的位置之间，有车轮从灌木上压过的痕迹。轿车是“××××”牌，车牌号为“×A—×××××”，轿车驾驶室左边挡风玻璃被子弹穿破一孔，弹孔四周玻璃有数条裂缝。轿车其他部位未受损坏。

尸体被置于后座踏脚处，死者上身穿××××衬衣，系淡蓝色浅花领带，下身穿××××西裤。上衣口袋有本人工作证和××元钱。死者叫×××，男，××岁，××市××汽车出租公司司机。尸体后脑正中弹孔为××平方厘米。子弹从左眼下方穿出。头部血斑模糊，上衣和裤子均沾满血浆，血浆已凝固。

尸体被抬出后，进行了全面检查，未发现有其他伤痕和搏斗过的迹象，死者系遭凶手突然射击后死亡，未有挣扎。

现场草木丛中有两种当日留下的脚印，一种是皮鞋印迹，为报案人发现案情时所留；一种是旅游鞋印迹，为犯罪嫌疑人所留。犯罪嫌疑人向山下逃离，并在水库北岸洗过血迹。犯罪嫌疑人顺着水库堤坝逃走，在水库下方的公路边脚印消失，该地方的路边草地上，有0.6吨小货车停留过的痕迹。

勘查中拍摄现场照片××张，绘制平面示意图×张，并提取了鞋印一枚，指纹一枚，掌纹一枚，血迹×份，带血白衬衣×件，××××手枪子弹壳一枚。

现场勘查于××时××分结束。

附：拍摄现场照片 ×× 张

勘验 / 检查人（签名）：×××　×××
记录人（签名）：×××
被检查人或者见证人（签名）：×××

2.3　调查笔录

公安机关在办理案件或处理其他法律事务过程中，依法向被害人、受害人、证人和其他一切知情人，进行调查、询问，而如实制作的具有法律效力或法律意义的文字记录，称为调查笔录。

调查笔录是固定证人证言和被害人陈述的主要形式，在公安机关处理刑事案件的过程中可以为查明案情、揭露和证实犯罪行为提供线索或依据。

2.3.1　格式写法

调查笔录由首部、正文和尾部三部分组成。

1. 首部

首部包括标题和笔录头。

调查笔录的标题，有以下几种形式：其一，由文种构成，如“调查笔录”；其二，由姓名、罪名和文种构成，如“关于 ×××（姓名）××××（罪名）一案的调查笔录”。如果是民事纠纷案件，标题如“关于 ×××（姓名）与 ×××（姓名）××××（民事纠纷案由）一案的调查笔录”。

笔录头包括询问开始和结束的时间，询问地点，调查人姓名、记录人姓名，被调查人的姓名、性别、年龄、民族、工作单位及职业、现住址。

2. 正文

正文包括开头、主体和结尾三部分。

（1）开头部分：开头由调查人向被调查人表明身份并交代有关作证的要求和应负的法律责任等内容。

（2）主体部分：主体是调查笔录的重点内容。主要记录询问过程，包括调查人的问话和被调查人的回答，如有关案件发生的时间、地点、经过、结果、案情的真伪及各自的事实根据，犯罪嫌疑人的情况，犯罪的主客观因素，犯罪的事实情节，各种罪证，被调查人是如何知道的，有无其他知情人等。同时，也要写明其他与犯罪有关的线索。

对被调查人陈述内容的记录有两种写法：一种是问答式，即按照调查人的提问和被调查人的回答次序，一问一答，如实记录，反映出调查的全过程；另一种是综合叙述式，即基本上不记问话，只把被调查人回答的内容连贯起来，分段记下。

（3）结尾部分：结尾应写明关于以上内容是否属实的问话和答话内容。

3. 尾部

尾部包括被调查人签署核对意见、姓名和日期。

调查询问结束时，记录人将询问记录交给被调查人核对，对于没有阅读能力的被调查人，应当向他宣读。笔录经被调查人核对无误后，在紧接正文的下一行写明“以上笔录我看过（或向我宣读过），和我说的一样（相符）”，并签名或捺手印，注明日期。如笔录不止一页，应由被调查人逐页签名。

2.3.2 写作注意事项

在撰写调查笔录时，要准确地反映被调查人的真实意思，力求做到准确记录被调查人的原话，如不能完全记下原话，但务求不失原意，不产生歧义。对于刑事案件的犯罪嫌疑人和民事案件的当事人，不论有利的或不利的调查内容，都应客观如实记录。

在撰写调查笔录时，关键性问题要详记，力求具体清楚；一般性问题可以略记，无关紧要和与调查内容无关的问题则不记。

在撰写调查笔录时，要详细、具体、完整，对被调查人的陈述不能任意剪裁、省略。

2.3.3　范文示例

××市人民检察院

调查笔录

时间：××××年××月××日××时××分至××时××分

地点：××市××区××乡××村

调查人：张××、刘××

记录人：刘××

被调查人：李××，男，××岁（××××年×月××日出生），汉族，××市××区××小学教师，住××市××区××小区××号楼××××室。

问：我们是××市人民检察院的，今天向你询问有关问题，请你如实回答，否则，要负法律责任，你听明白了吗？

答：我听明白了。

问：你家是什么时候被盗的？

…………

问：以上说的是否属实？

答：属实。

以上笔录我已经看过，和我说的一样。

李××（捺手印）

××××年××月××日

2.4　询问笔录

询问笔录，又称“询问证人笔录”，是司法人员在刑事诉讼活动中，就询问证人、被害人的过程及内容所做的文字记录。

从理论上讲，询问笔录是证据中的“人证”，可以作为直接证据单独证明案件的主要违法事实。从执法实践来看，询问笔录起到了获取线索，引导办案人员取证以及串联和印证其他证据的重要作用，而且经查实的询问笔录又是定案的重要证据。

2.4.1 格式写法

询问笔录一般由首部、正文和尾部三部分组成。

1. 首部

首部包括标题和笔录头。

标题一般为“询问笔录”。

笔录头包括询问时间、地点，询问人、记录人的姓名及其工作单位，被询问人的姓名、性别、年龄、家庭住址、工作单位。如询问时另有在场人，也应进行记录。

2. 正文

正文部分采用一问一答的方式如实记录被询问人所提供的证言。

询问结束后，记录人应当向被询问人核对或者向他宣读。如果记录有遗漏或者差错，应当允许被询问人补充或者更正，并捺手印。在确认无误后，由被询问人在笔录上写上“以上记录我已经看过（或已向我宣读），没有出入”字样。

3. 尾部

被询问人、询问人、记录人依次签名。拒不签名的，由询问人、记录人、在场人签名作证，并注明其不签名的事实及理由。同时，要注明日期。

2.4.2 写作注意事项

在撰写询问笔录时，要尽量记录对方陈述的原话，正确综合概括被询问人的陈述，准确反映被询问人陈述的原意。

在撰写询问笔录时，要略写提问，详细记录被询问人的陈述。

2.4.3　范文示例

××××公安局

询问笔录

询问时间：××××年××月××日××时××分开始，至××时××分止

询问人：×××

记录人：×××

被询问人：×××，民族：××，性别：××，年龄：××岁，文化程度：××，职业：××，原籍贯：××市，现住址：××××。

询问人告知：我是×××，根据有关规定，现采取询问方式了解、核实本案的有关情况。你的谈话内容将被记录，作为有关情况的书面证明材料，你需要对此承担相应的法律责任。因此，应当如实陈述有关情况。

询问内容：

问：……

答：……

…………

以上记录内容（我已详细阅读或仔细听了宣读）均我口述，并且准确无误。如有不实，我愿承担一切法律责任。

被询问人：×××（捺手印）

××××年××月××日

2.5　讯问笔录

讯问笔录，又称“审讯笔录”，是侦查人员、检察人员或审判人员为查明案件事实，依法对犯罪嫌疑人进行讯问和犯罪嫌疑人就案件所做的供述和辩解的文字记载。它是反映审讯活动的书面文件，是审讯人员提问和犯罪嫌疑人回答的客观记载。

讯问笔录中记载的犯罪嫌疑人的供述和辩解，经查证属实，是《中华人民共和国刑事诉讼法》规定的法定证据之一，是确定案件性质和给犯罪嫌疑人定罪量刑的根据。同时，由于讯问笔录记载得比较全面、系统，办案人员查阅讯问笔录就可以了解讯问的全过程，比如讯问人提了什么问题，如何提的问题，讯问的方法、步骤；犯罪嫌疑人回答了哪些问题，是如何抗拒交代的，又是在何种情况下供认罪行的，等等，均可以了解得一清二楚。因此，讯问笔录又是分析案情，研究问题，总结经验教训，检查办案质量的重要依据。

2.5.1 格式写法

讯问笔录一般由首部、正文和尾部三部分组成。

1. 首部

首部包括文书名称和笔录头。

文书名称，即讯问笔录或审讯笔录，标题后面的括号内填写“第 × 次”。

笔录头包括讯问开始和结束的时间、讯问地点，讯问人（侦查、检察、审判人员）、记录人的姓名以及犯罪嫌疑人的基本情况。

2. 正文

正文部分是讯问笔录的重点，由开头、主体和结尾三部分组成。

（1）开头部分：讯问分为初审（第一次讯问）和续审（第一次讯问后历次讯问的总称）两个阶段。

第一次讯问，应当问清楚犯罪嫌疑人的基本情况，即其姓名、化名、曾用名、出生日期、籍贯、民族、职业、文化程度、家庭住址、现住址、学历、主要经历、是否受过刑事处罚或者行政处分等情况。

第二次及以后的讯问，上述基本情况可以不必再记。

（2）主体部分：主体是正文的主要内容，主要以“问”和“答”的方式记录讯问的全过程。

主体部分包括告知事项，提问内容，犯罪嫌疑人对犯罪事实的供述或无罪的辩解，讯问过程中发生的特殊事情。其中，犯罪嫌疑人对犯罪事实的供述或无罪的辩解为核心内容。

告知事项，即讯问人向犯罪嫌疑人告知有关政策、法律事项，应简要记录。

提问内容，按讯问人、犯罪嫌疑人的问答顺序依次记录即可。记录要紧紧抓住犯罪嫌疑人犯罪的时间、地点、动机、目的、手段、情节和后果，以及与犯罪有关的人和事，等等。

犯罪嫌疑人对犯罪事实的供述或无罪的辩解，是讯问笔录的重点，应忠实、全面地记载和反映犯罪嫌疑人当时供述或辩解的全部内容和全部情况。如果犯罪嫌疑人否认自己的罪行或申辩自己无罪，就要重点记清其陈述无罪或罪轻的理由和根据。如果犯罪嫌疑人作伪证、抵赖或狡辩，也要如实记录，以作为今后定罪量刑的事实根据之一。在供述或辩解过程中犯罪嫌疑人的语气、表情以及态势语言（如低头不语、哭等）应用括号注明，以便通过对犯罪嫌疑人的心理状态和供认态度的掌握，分析、判断、鉴别案情。

（3）结尾部分：讯问最后，由犯罪嫌疑人写明对笔录的意见，并签名（盖章）或捺手印，犯罪嫌疑人拒绝签名的，应当在笔录上注明。对于没有阅读能力的，讯问人应当向他宣读。如果记载有遗漏或差错，应允许犯罪嫌疑人补充或改正并捺手印。如果犯罪嫌疑人乘机更改口供，则不允许修改。笔录经犯罪嫌疑人核对无误后应当在末页紧接笔录的最后一行写明“以上记录我看过（或向我宣读过），和我说的相符”，并逐页签名或捺手印。犯罪嫌疑人请求自行书写供述的，应当准许；必要时，讯问人也可要犯罪嫌疑人亲笔书写供词。

3. 尾部

讯问笔录的尾部即落款。落款要注明记录人的姓名，并注明记录日期。

2.5.2　写作注意事项

讯问笔录必须真实地记录犯罪嫌疑人的原话原意，不能掺杂讯问人的个人观点。

讯问笔录的内容必须符合法律的规定，讯问时不能诱供、逼供，同时讯问结束后必须履行法律手续。

讯问笔录内容既要全面，又要突出重点，重点要围绕犯罪事实与犯罪有关的情况进行记录。

2.5.3 范文示例

××××公安局

讯问笔录（第一次）

时间：××××年××月××日××时××分至××时××分

地点：××××公安局审讯室

讯问人：×××、×××

记录人：×××

犯罪嫌疑人：×××

问：你叫什么名字？

答：×××。

问：还有别的名字吗？

答：没有别的名字。

问：性别？

答：男。

问：年龄？

答：××岁。

问：民族？

答：汉族。

问：籍贯？

答：××省××市××县××××乡××××村人。

问：文化程度？

答：高中一年级。

问：职业？

答：司机，搞个体搬运，开一辆××吨小货车，车是我自己买的。

问：现在住在什么地方？

答：我暂住××区××××村××号。

问：什么时候来××市的？来做什么？

答：去年2月份来××市，先是打工，后来借了些钱买了辆车，挂靠在

××××公司，搞个体搬运，用车时就去××××公司开，交管理费给这个公司。

问：谈谈你的主要经历？

答：8 岁在××××村小学开始读书，14 岁在××××中学读书，读到高一，由于成绩不好，我就退学了。来××市之前，一直在家种田。

问：家中总共几口人？分别说一下姓名、年龄、职业？

…………

问：我们是公安局的工作人员，今天依法对你进行讯问。你必须如实回答，不许作伪供，听明白了吗？

答：明白了。

问：你是否有犯罪行为？

…………

问：以上你讲的都是事实吗？

答：全是事实。

问：今天就问到这里。你回去好好考虑一下，争取宽大处理。你有请律师为你辩护的权利。你把本记录看一遍，没有问题就签字。

答：好的。

以上记录我看过，和我说的相符。

犯罪嫌疑人：×××（捺手印）

记录人：×××

××××年××月××日

2.6　呈请立案报告书

公安机关受理案件后，经过审查，认为有犯罪事实需要追究犯罪嫌疑人刑事责任，且属于自己管辖的，由接受单位制作呈请立案报告书，经县级以上公安机关批准，予以立案。

呈请立案报告书，又称刑事案件立案报告书，即公安机关的侦查人员按报案、控告、举报、自首的材料进行审查后，决定对符合条件的案件予以立案时，制作的报请领导审查决定是否立案侦查的书面报告。

呈请立案报告书是确立案件成立的前提条件，是刑事诉讼活动开始的文字凭证；立案是全部侦查活动的起点，其他所有的侦查活动都是在立案后进行的。呈请立案报告书属于审批文书，是公安机关办理刑事案件必经的法律程序，它经县级以上公安机关批准后，成为公安机关开展侦查工作的依据。

2.6.1 格式写法

呈请立案报告书一般由首部、正文和尾部三部分组成。

1. 首部

首部包括制作机关名称、文书名称、文书编号和批示。

制作机关名称，即“×××× 公安局”；文书名称，即“呈请立案报告书”。此两项内容应居中分两行编排。

文书编号位于标题右下方，由单位简称、业务部门简称、文书名称简称和制作年份、文书序号组成，如“× 公刑立字〔××××〕第 ×× 号”。

批示分为两栏，上栏为领导批示栏，由县级以上公安机关负责人签署意见、署名，并注明日期，下栏为审核意见栏，由主管科室负责人签署意见、署名，并注明日期。

2. 正文

正文部分包括标题、主体和结语。

（1）标题应当写明案件名称和文书名称，如“呈请关于 ×××× 案立案报告书”，或“呈请对 ×××× 案立案报告书”。称谓，顶格写明报请批准单位的名称。

（2）正文的主体是呈请立案报告书的核心，包括案件受理情况、呈请领导批示的事项、呈请立案的依据、呈请立案的理由、侦查计划等部分组成。

①案件受理情况。案件受理情况应当写明案件来源，即案件是怎样发现的，是通过报案、控告、检举发现的，还是犯罪嫌疑人自首的，抑或是上级公安机关转来的。

在写这部分内容时，首先，应当写明报案、控告、检举人的基本情况，包括姓名、性别、年龄、民族、职业、住址以及与案件的关系；其次，应当重点写明案件的基本情况，即根据报案、控告、举报人或犯罪嫌疑人提供的情况，以及抓获或发现的经过，写清楚犯罪嫌疑人的犯罪事实，包括犯罪的时间、地点、手段、后果和被害人的简要情况等。这部分内容要精练，不明确的情况可暂不列入。

②呈请领导批示的事项，即呈请事项，如“呈请对 ×××× 案立案报告书”。

③呈请立案的依据。这部分是写作呈请立案报告书的重点，是案件成立的关键，一般包括现场勘查情况、现场调查访问情况以及鉴定意见。

现场勘查情况为确定案件的成立提供依据，为判断案件性质、确定侦查范围及方向提供证据和线索。现场勘查应着重写明现场的方位、现场的状态、现场的变动和各种痕迹、物证的情况，以及提取的痕迹、物证和数量等。具体内容要与现场勘查笔录的内容一致。

现场调查访问情况，应当把侦查人员深入细致调查访问所了解、收集的案件情况和证人证言叙述清楚。

鉴定意见关系到案件能否成立，应写清楚与案件有关的鉴定内容，如伤情鉴定、精神病司法鉴定、赃物估价等。

④呈请立案的理由。立案理由部分主要针对报案、检举或者犯罪嫌疑人自首的交代、现场勘查、调查访问及鉴定意见的综合分析判断，说明立案的条件和依据。一般包括：说明在什么时间、什么地点，收集到了一定的证据证明发生了什么性质的刑事案件；写明行为人实施犯罪行为的动机、目的、手段等，并说明行为人的行为已经构成了犯罪；写明行为人的行为造成的后果，以及依法应当追究的刑事责任。

⑤侦查计划。侦查计划是呈请立案报告书的核心部分，是立案之后如何继续进行侦查破案的工作方案。这部分内容要根据对案件情况的分析、判断，明确侦查力量的组织与分工，确定侦查的方向和主要目标，确定应查明的问题和要寻找的线索，确定侦查的步骤、方法和措施，以及侦查的范围等。

正文部分的写作内容较多，逻辑层次要严谨清楚，语言应简练通顺，突出重点。

（3）结语。一般使用惯用语，如“以上报告，请批示”，或“请审批”等。

3. 尾部

尾部应注明制作单位的全称、制作日期，并加盖单位公章。

2.6.2 写作注意事项

在撰写呈请立案报告书时，要坚持立案条件，掌握立案标准，不要把违反治安管理处罚条例的治安案件，当作触犯刑法的刑事案件来处理。

在撰写呈请立案报告书时，叙事要方法得当，行文要条理清楚，层次分明，简明扼要，详略得当。

在撰写立案理由时，要根据已有材料进行分析，要实事求是，合乎逻辑，切忌主观臆断。

在撰写侦查计划时，要简明扼要，侦查措施要切实可行。

2.6.3 范文示例

××××公安局

呈请立案报告书

×公刑立字〔××××〕第××号

领导批示	××××。 ××× ××××年××月××日
审核意见	××××。 ××× ××××年××月××日

呈请对陈××家被盗案立案报告书

××××：

××××年××月××日××时许，我分局接到××××小区业主陈××的电话，他报称：昨晚该住户家现金被盗，现场已保护。接报后，我们立即组织有关人员赶赴现场开展工作，现将情况报告如下：

一、发案报案经过

××××年××月××日××时许，××××小区业主陈××推门回家后，发现窗户玻璃被打烂，保险柜被撬开，经清点，××万元现金及数件首饰被盗走。陈××立即报了案。

…………

续表

三、案情分析

1. 作案时间。据门卫回忆，×× 月 ×× 日 ×× 时，门卫见有陌生人进入小区，以为是业主的亲戚走访就没有多问。据此判断案发时间是在 ×× 时。

2. 作案范围。据陈 ×× 说，现金 ×× 万元是昨天一个朋友还的欠款，晚上银行下班了，就没有存入银行。由此看来，熟人作案的可能性极大。

3. 作案嫌疑人。从作案现场分析，犯罪分子是男性，且熟悉受害人的基本情况。从其他房间无异常、目标准确推断，此案犯是十分了解并熟悉地形和内部情况的。

四、立案依据和侦查工作意见

根据以上情况，依照《中华人民共和国刑事诉讼法》第 ×××× 条之规定，此案定为 ×××× 案，并拟从以下几个方面开展侦查工作：

1. 立即印发协查通报，请有关人员协查。

2. 先从 ×××× 小区开始，查看进出人员录像资料，并对有关人员进行排查，查找疑点和嫌疑人。

3. 在业主认识的人范围内，派出专案组成员明察暗访，发现作案人的蛛丝马迹。

4. 抓紧进行技术鉴定。从现场提取的痕迹中发现可疑人，排除无可能作案人，缩小侦查范围，抓住重点。

妥否，请批示。

×××× 公安局

×××　×××

×××× 年 ×× 月 ×× 日

2.7　呈请破案报告书

公安机关经过侦查，已经查明犯罪嫌疑人的犯罪事实，证据确实充分，应当追究刑事责任时，侦查即告终结。如果案情重大或较典型，应写出侦破案件的书面材料报请领导审批，这种书面材料便是呈请破案报告书。

呈请破案报告书所反映的是案件侦查活动的全部情况，是对案件事实已经侦查清楚，认为证据确实、充分，达到可以向人民检察院提出起诉意见或者不起诉意见程度时制作的文书。总之，它是侦查工作结束后所制作的一种总结性的法律文书。

2.7.1 格式写法

呈请破案报告书一般由首部、正文和尾部三部分组成。

1. 首部

首部包括制作机关名称与文书名称、文书编号和批示。

制作机关名称，即“×××× 公安局”，位于文书首页顶端，居中对齐。

文书名称，即“呈请破案报告书”，位于制作机关名称下居中编排。

文书编号位于文书右下方，由单位简称、业务部门简称、文书名称简称和制作年份、文书序号组成，如“×××× 字〔××××〕第 ×× 号”。

批示分为两栏，上栏为领导批示栏，由县级以上公安机关负责人签署意见、署名，并注明日期，下栏为审核意见栏，由主管科室负责人签署意见、署名，并注明日期。

2. 正文

正文由标题、导语、主体和结语四部分组成。

（1）标题，点明呈请事项和文书名称即可。称谓，顶格写明报请批准单位的名称。

（2）导语要高度概括，主旨明确。

（3）正文的主体是呈请破案报告书的核心部分，包括案情概况、案情分析、侦查措施、破案经过、呈请事项。

①案情概况，即概要地叙述案件发生、发现和现场勘验、调查的情况。

②案情分析。根据案情分析犯罪嫌疑人作案的条件、活动情况、作案动机、目的，以及犯罪嫌疑人的去向等。

③侦查措施。与呈请立案报告书中的侦查计划的内容、项目大体一致，但因案件已侦破，故撰写时要从破案的角度写作。

④破案经过。主要包括执行侦查计划的情况、查明犯罪嫌疑人的情况、预审情况。

⑤呈请事项，即呈请领导批示的事项，通常表述为：“×××× 一案主要犯罪事实已经查清，相关证据已经获取，主要犯罪嫌疑人已经到案，达到破案条件，拟请批准破案。”

（4）结语，一般使用惯用语，如“以上报告，请批示”或“当否，请批示”等。

3. 尾部

尾部应签署制作机关全称、制作日期，并加盖单位公章。

2.7.2　写作注意事项

在撰写呈请破案报告书时，要条理清晰，要把案件来源、现场勘验及现场调查情况交代清楚明。推理要有依据。侦查措施要全面、得当，要有针对性。

2.7.3　范文示例

××××公安局

呈请破案报告书

××××字〔××××〕第××号

领导批示	××××。 ×××　××××年××月××日
审核意见	××××。 ×××　××××年××月××日

呈请××××抢劫银行案破案报告书

××××：

发生于我市的××××抢劫银行案，经专案组全力侦查，已查明主要案情，抓获主要犯罪嫌疑人，达到破案条件。现将有关情况报告如下：

一、案件简况

××××年××月××日××时××分，××××单位（个人）报案：××××年××月××日凌晨××时许，××区××××银行被人翻墙入室，杀死××名值班员后，撬开金库及保险柜门，盗走××××万元人民币后逃跑。市局刑侦队于××月××日立为特大抢劫案。鉴于案情重大，市局领导批示成立专案组，市局主管刑侦工作的×××副局长为组长、刑侦队大队长×××为副组长，并迅速抽调有关业务部门民警××人侦破案件。

二、案情分析

根据现场勘查，犯罪嫌疑人系用活动软梯搭在银行后围墙处翻墙入院，潜入值班室

续表

并杀死值班员，破坏了银行报警系统后，撬开金库及保险柜门，用事先准备好的袋子把钱装走。

据尸体检验结果，值班员一人被钝器击中导致颅脑损伤死亡，另一人被利器划断喉管致死。经专家鉴定，银行金库及保险柜门，系被有一定专业知识的人撬开。现场访问材料证实，案发日凌晨 ×× 时许，有人曾见 ×× 名 ×× 岁左右的年轻人在银行附近出现。凌晨 ×× 时许，有人见一辆白色 ×××× 轿车在银行附近停留，车尾号为 ××。

根据现场勘查、尸体检验、物证检验及现场访问材料分析，此案是一起以抢劫银行为目的，作案目标明确的抢劫案，犯罪嫌疑人约有 ×× 人，经过了充分预谋和准备，有作案经验，心狠手辣，拥有交通工具，具备相当程度的专业知识，特别是在银行报警系统、开保险柜锁等方面有专长，并对现场内部情况比较熟悉，不排除内外勾结作案的可能。

三、侦查措施

根据以上分析，我们采取了以下侦查措施：

1. 通知各车管所、交通缉查部门查案发当日曾在现场附近停留过的尾号为 ×× 的白色 ×××× 轿车。

…………

四、破案经过

×××× 年 ×× 月 ×× 日至 ×× 日，市局刑侦队队员 ××× 在 ×××× 路 ×××× 影院附近的非法倒汇点发现一名 ×× 岁左右的女子多次倒卖大宗美元，并且该女子向 ××× 透露自己手边还有一笔美元。市局刑侦队根据 ××× 反映的情况，于 ×××× 年 ×× 月 ×× 日将这名女子拘传。经查，该女子名叫 ×××，×× 岁，住 ×××× 路 ×××× 街 ×× 号，无业，曾因盗窃罪被判有期徒刑 ×× 年，有吸毒史。××× 对出售的美元来源交代不清，嫌疑最大。

…………

综上所述，×××× 抢劫银行案，主要犯罪事实已经查清，相关证据已经获取，主要犯罪嫌疑人已经到案，根据《公安机关办理刑事案件程序规定》第 ×××× 条之规定，拟请批准破案。

妥否，请批示。

×××× 公安局

×××× 年 ×× 月 ×× 日

2.8　呈请拘留报告书

呈请拘留报告书，即公安机关对现行犯或者重大嫌疑分子需要实行刑事拘留、采取限制人身自由时，报请县级以上公安机关负责人批准所制作的书面材料。

制作呈请拘留报告书可以有效地防止或减少错拘，有效地防止以拘代罚、以拘代传和非法拘留的现象，及时地羁押现行犯或重大嫌疑分子，以保证案件侦破的时机。

2.8.1　格式写法

呈请拘留报告书一般由首部、正文和尾部三部分组成。

1．首部

首部包括制作机关名称、文书名称、文书编号和批示。

制作机关名称，即“×××× 公安局”，居于首页顶端中间位置。

文书名称在制作机关名称下，规范写法为“呈请拘留报告书”。

文书编号由单位简称、业务部门简称、文书名称简称和制作年份、文书序号组成，如“× 公刑拘字〔××××〕第 ×× 号”。

批示分为两栏，上栏为领导批示栏，由县级以上公安机关负责人签署意见、署名，并注明日期，下栏为审核意见栏，由主管科室负责人签署意见、署名，并注明日期。

2．正文

正文包括标题、主体和结语三部分。

（1）正文的标题应写明案件名称和文书名称，如“呈请关于 ×××× 拘留报告书”。

（2）正文的主体包括被拘留人基本情况、拘留的事实依据、拘留的法律依据。

①被拘留人基本情况，应依次写明姓名、性别、出生日期、民族、籍贯、户口所在地、现住址、职业和简历。其中，简历主要写清楚学习经历、工作经历，以及受过的刑事处罚、治安处罚及劳动教养等情况。

②拘留的事实依据，应写明已查清的被拘留人的犯罪事实或已认定的重大嫌疑事实。拘留的对象如果是现行犯，则应写明其犯罪的时间、地点、动机、手段、过程、后果等要素；如果是重大嫌疑人，则应写明其已认定的嫌疑事实，另外写出犯罪事实的嫌疑根据。需要强调的一点，拘留的事实依据不能写无根据的推断。

③拘留的法律依据，应写明拘留的法律规定，并提出批准拘留的请求。

（3）结语，一般使用惯用语，如“以上报告妥否，请批示”。

3. 尾部

尾部即落款。落款应写明制作单位名称、制作人姓名、制作日期。

2.8.2 写作注意事项

在撰写呈请拘留报告书时，逻辑性要强，条理要清晰，事实要清楚，依据要充分。

2.8.3 范文示例

××××公安局

呈请拘留报告书

×公刑拘字〔××××〕第××号

领导批示	××××。 ××× ××××年××月××日
审核意见	××××。 ××× ××××年××月××日

<table><tr><td>呈请关于××××拘留报告书

肖××，男，××××年××月××日出生，民族：汉，籍贯：××省××县。户口所在地：××省××县××××乡。现住址：××省××市××××路××号，职业：农民。</td></tr></table>

续表

简历： ××××年至××××年在××省××县××××乡中学读书，××××年至××××年在家务农，××××年××月起在××市搞个体运输，当司机。 拘留的理由和依据： ××××年××月，犯罪嫌疑人肖××与流窜来我市的犯罪嫌疑人章××（肖与章在××省××市汽车驾驶员培训班相识）相遇后，便多次接触往来。在章××指使其偷配汽车钥匙，并许诺盗车后给其××××元酬金的诱惑下，于××××年××月接受章××预付给他的现金××××元，尔后便多次寻机偷配汽车钥匙。同年××月××日，肖××将其偷配好的钥匙送给章××，××月××日又向章××提供盗车地点，章××按其提供的地点盗窃××××牌面包车得逞。 综上所述，肖××的行为触犯了《中华人民共和国刑法》第××××条之规定，涉嫌盗窃罪。根据《中华人民共和国刑事诉讼法》第××××条之规定，特呈请对犯罪嫌疑人肖××刑事拘留。 妥否，请批示。 ××××公安局 ×××　××× ××××年××月××日

2.9　呈请取保候审报告书

呈请取保候审报告书，是承办案件的单位在侦查过程中，对犯罪嫌疑人需要采取取保候审措施时报请县级以上公安机关审批的文书。它是实施取保候审的必要过程。

2.9.1　格式写法

呈请取保候审报告书一般由首部、正文和尾部三部分组成。

1. 首部

首部包括文书制作机关名称、文书名称、文书编号和批示。

文书制作机关名称，即“××××公安局”，于文书首页顶端居中编排。

文书名称，即“呈请取保候审报告书”。

文书编号由单位简称、业务部门简称、文书名称简称和制作年份、文书序号组成，如“× 公 ×× 字〔××××〕第 ×× 号”。

批示分为两栏，上栏为领导批示栏，由县级以上公安机关负责人签署意见、署名，并注明日期，下栏为审核意见栏，由主管科室负责人签署意见、署名，并注明日期。

2. 正文

正文包括标题和主体和结语。

（1）标题由呈请事项和文种构成，如“呈请取保候审报告书”。

（2）正文的主体是呈请取保候审报告书的重点部分，它包括犯罪嫌疑人的简历、犯罪嫌疑人犯罪活动的基本事实和取保候审的法律依据。

①犯罪嫌疑人的简历，应依次写明姓名、性别、出生日期、民族、籍贯、户口所在地、现住址、拘留或者逮捕的时间。

②犯罪嫌疑人犯罪活动的基本事实，首先要写明犯罪嫌疑人犯罪活动的基本事实，如犯罪的时间、地点、手段、经过、后果等情节；其次要写明犯罪嫌疑人具有取保候审的事实。这一部分既要说明犯罪嫌疑人具备取保候审的条件，又要说明对犯罪嫌疑人采取取保候审的措施后，不致发生妨碍侦查活动和危害社会的行为的依据。

③取保候审的法律依据，要说明犯罪嫌疑人的行为触犯《中华人民共和国刑法》何条何款之规定，涉嫌什么罪，但因犯罪嫌疑人具有何种情节（简要说明取保原因），不宜羁押。根据《中华人民共和国刑事诉讼法》何条何款之规定，特呈请对犯罪嫌疑人取保候审，并说明采取取保候审的方式，是用保证人保证，还是用保证金保证。

（3）结语，一般使用惯用语，如“妥否，请批示”。

3. 尾部

尾部包括文书制作单位的名称和制作人姓名，以及制作文书的日期等内容。

2.9.2 写作注意事项

在制作呈请取保候审报告书时，应写清楚取保候审的原因。要根据犯罪嫌疑人的实际情况认真填写清楚；如果是因患有传染病而需要取保候审的，应具体写清楚传染病的种类，不能笼统地用“案情需要”或者“特殊情况”等模糊写法。如果是因在法定期限内不能侦查终结而对犯罪嫌疑人采取取保候审的，则要阐明已经查清了哪些事实情节，还有哪些事实情节需要继续讯问和调查，等等。

在制作呈请取保候审报告书时，格式要规范，叙述案件事实要详细准确。

2.9.3　范文示例

××××公安局

呈请取保候审报告书

×公××字〔××××〕第××号

<table>
<tr><td>领导批示</td><td>××××。
×××　××××年××月××日</td></tr>
<tr><td>审核意见</td><td>××××。
×××　××××年××月××日</td></tr>
<tr><td colspan="2">呈请取保候审报告书

犯罪嫌疑人李××，女，××岁，××市人，汉族，高中文化，现住××市××区××××街××号。××××年××月高中毕业后被分配到××市××××厂当工人，××××年××月调到××市××××厂××××运输队工作至今。
取保候审的理由和依据：
现已查明，××××年××月××日××时许，犯罪嫌疑人李××伙同刘××（已捕）到本市××区××××胡同××号×××家中行窃，由犯罪嫌疑人李××在门外“放风”，刘××将×××家门撬开，入室盗窃××××元。
犯罪嫌疑人李××的行为，触犯了《中华人民共和国刑法》第××××条，涉嫌××××罪。但其尚在哺乳自己未满周岁的婴儿，不适宜逮捕关押。为保证侦查工作顺利进行，根据《中华人民共和国刑事诉讼法》第××××条第××款之规定，特呈请对李××采取××××方式取保候审。
妥否，请批示。

××××公安局
×××　×××
××××年××月××日</td></tr>
</table>

2.10 呈请监视居住报告书

呈请监视居住报告书，是公安机关对犯罪嫌疑人需要采取监视居住措施时报请县级以上公安机关审批的法律文书。

2.10.1 格式写法

呈请监视居住报告书由首部、正文和尾部三部分组成。

1. 首部

首部包括文书制作机关名称、文书名称、文书编号以及批示。这部分内容的制作方法和要求与呈请取保候审报告书相同，可比照呈请取保候审报告书制作。

2. 正文

正文包括标题、主体和结语。

（1）标题由呈请事项和文种构成，如“呈请监视居住报告书”。

（2）正文主体是呈请监视居住报告书的重点部分，它包括犯罪嫌疑人的基本情况和简历，监视居住的理由和法律依据。

①犯罪嫌疑人的基本情况和简历与呈请取保候审报告书中此部分内容的写法相同，可比照呈请取保候审报告书制作。

②监视居住的理由，应先说明犯罪嫌疑人犯罪活动的基本事实，如犯罪的时间、地点、手段、经过、后果等情节。如果犯罪嫌疑人是经刑事拘留后应当抓捕而证据不足需要变更为监视居住的，还应说明继续侦查的事实和情节；如果犯罪嫌疑人是被捕后因患疾病、发现怀孕、哺乳自己未满周岁婴儿的妇女而变更为监视居住的，还要说明犯罪嫌疑人患病、怀孕、哺乳婴儿等事实情况；如果对犯罪嫌疑人直接采取监视居住的，重点说明犯罪嫌疑人的犯罪活动的基本事实。

③监视居住的法律依据，要说明犯罪嫌疑人的行为触犯《中华人民共和国刑法》何条何款之规定，涉嫌什么罪，简要说明监视居住原因，并说明执行监视居住的地点。

（3）结语，一般使用惯用语，如“妥否，请批示”。

3. 尾部

尾部即落款，写明文书制作单位、制作人和制作日期。

2.10.2　写作注意事项

在制作呈请监视居住报告书时，格式要规范，用语要简洁明了，叙述事实要清楚，实施监视居住的理由要充分。

2.10.3　范文示例

××××公安局

呈请监视居住报告书

×公××字〔××××〕第××号

<table>
<tr><td>领导批示</td><td>××××。
××× ××××年××月××日</td></tr>
<tr><td>审核意见</td><td>××××。
××× ××××年××月××日</td></tr>
<tr><td colspan="2">呈请监视居住报告书

犯罪嫌疑人阎××，男，××岁，汉族，××市人，无业，现住××市××区××××街道××号。××××年在本市××××厂做工，××××年因犯有盗窃罪被判刑××年，××××年刑满释放后，留在××××厂就业，××××年迁回本市后以收废品为生。
监视居住的理由和依据：
现在押犯罪嫌疑人刘××、张××供述，自××××年××月以来，他们先后在本市××路、××路公共汽车上盗窃作案××起，共盗窃××××元。二犯罪嫌疑人供述是受阎××教唆后进行犯罪的。经传讯阎××，其承认曾向刘、张二犯罪嫌疑人传授过犯罪技巧。
综上所述，犯罪嫌疑人阎××的行为触犯了《中华人民共和国刑法》第××××条第××款之规定，涉嫌××××罪。鉴于犯罪嫌疑人阎××患有肝炎并处于传染期，不宜关押审查，且在本市孤身一人，无亲属和单位做担保，故不能使用取保候审的强制措施。为此，根据《中华人民共和国刑事诉讼法》第××××条第××款之规定，特提请对犯罪嫌疑人阎××监视居住，监视居住地点为××市××区××××街道××号，</td></tr>
</table>

续表

由××××派出所执行。 　　妥否，请批示。 ××××公安局 ×××　××× ××××年××月××日

2.11　通缉令

通缉令，公安机关在办理刑事案件的过程中，为抓获在逃的或者拘留、逮捕后逃脱的犯罪嫌疑人以及从监狱内逃跑的罪犯而制作的一种法律文书。

通缉令是公安机关为抓获犯罪嫌疑人、罪犯而采取的一项有效的侦查措施，只能由公安机关发布，其他任何单位都无权制作。通缉令是公安机关协同作战并动员和组织群众共同查获在逃的犯罪嫌疑人的有效方式，对于被通缉的对象，任何公民都有权利和义务将其扭送到公安机关进行处理。

据有关规定，县级以上公安机关在自己管辖的范围内，可以直接发布通缉令；毗邻的和有固定协作任务的省、自治区、直辖市或行署、市、县级公安机关，按协作规定可以互相抄发通缉令，同时报上级公安机关备案；需要在全国或者跨区协作通缉重要逃犯时，由省、自治区、直辖市公安厅（局）报公安部，由公安部发布通缉令。

公安部发布的通缉令分为A级和B级两种，内容和制作方法相同，只是奖励金额和来源不同。

通缉令可以通过广播、电视、报刊、计算机网络等媒体发布。除此以外，还有另外两种发布方式：一是发送给有关单位，包括相关的公安机关、有关单位的保卫部门和群众性的治保机构；二是张贴在有关场所，让广大群众了解情况。到底采用何种方式，要根据具体情况而定。

犯罪嫌疑人自首、被击毙或者被抓获，经核实后，原发布机关应当在原通缉范围内撤销通缉令，避免接到通缉令的公安机关在被通缉的犯罪嫌疑人已经归案、死亡后仍然进行查缉、控制工作，造成社会不稳定以及不必要的人、财、物的浪费。

2.11.1　格式写法

通缉令分存根和正本两部分。存根是制作通缉令正本后，由签发单位留存的部分，作用是存档备案。这部分内容按照规定格式依次填写制作单位名称、文书名称和发文字号、犯罪嫌疑人的基本情况、通缉原因、批准人、承办人、填发时间等相关情况即可。正本是通缉犯罪嫌疑人、罪犯的正式文书，分为首部、正文和尾部三部分。

1. 首部

首部主要包括制作机关名称、文书名称、文书编号和主送机关。

制作机关名称，一般为发布通缉令的公安机关的名称；文书名称为“通缉令”，分两行排列。

文书编号，由机关代字、文种代字、制作年份和通缉令序号组成，如“公缉〔××××〕第 ×× 号”。

主送机关，即发布范围，根据管辖范围，写明受文机关名称。用于张贴的通缉令则可不写该项。

2. 正文

通缉令正文主要包括以下几个方面的内容：

（1）简要案情。该部分扼要叙述案件发生的时间、地点、案件性质、案件结果、已被抓获和在逃的犯罪嫌疑人的姓名。这部分要写得简明，为了侦查保密，时间、地点、案情等可不必详写。

（2）被通缉人的基本情况。应写明被通缉人的姓名、别名、曾用名、绰号、性别、年龄、籍贯、出生地、户籍所在地、居住地、职业、身份证号码、衣着和体貌特征并附上被通缉人近期照片，可以附上指纹及其他特征的照片、携带物品。其中，“体貌特征”即扼要说明面部特征、身高、体态、脸型、五官、肤色、口音、发型及颜色、生理或病理特征等。这一部分是查找、确定被通缉人的重要依据，是通缉令写作的重要内容。另外，在逃人员的网上编号，是否携带有枪支、弹药、爆炸物，是否掌握驾驶、搏击、射击、爆破等特殊技能，因为关系到军警和人民群众的生命安全，这些信息也很重要，所以需要认真写作。

（3）工作要求和注意事项。该部分主要是提出查缉要求，要求相关机关、单位应注意的问题，发现被通缉人后应该如何处理以及与哪个单位联系。此后，写明办案单位、联系人、联系电话及通信地址等。

3. 尾部

尾部主要包括以下内容：

（1）附项，主要包括被通缉人的照片及其他物证等。向社会公开发布的通缉令不得将被通缉人的社会关系公开。

（2）注明发文机关的名称及发布日期，并加盖单位公章。

2.11.2 写作注意事项

在制作通缉令时，案件性质叙述要简明扼要，恰当阐述作案过程、情节；详细描述被通缉人的基本情况、体貌特征。

通缉令发出后，如果发现新的重要情况，可以补发通报。补发通报时，应注明原通缉令的发布日期和文书编号。

通缉令要及时发布。

2.11.3 范文示例

通缉令

公缉〔××××〕第 ×× 号

各省、自治区、直辖市公安厅（局），新疆生产建设兵团公安局：

×××× 年 ×× 月 ×× 日，×× 省 ×× 市 ×× 县公安局民警 ××× 在查破一起贩卖毒品案件时被犯罪分子殴打致重伤。经查明，杨 ×× 有重大作案嫌疑，现在逃。

杨 ××（在逃人员编号：××××），男，汉族，绰号“××××”，出生于 ×××× 年 ×× 月 ×× 日，住址：×× 省 ×× 市 ×× 县，操 ×× 口音。身高 ×× 米左右，左臂上有 ×× 图案。身份证号码为 ××××。

请各地公安机关接此通缉令后，立即部署查缉工作，一旦发现犯罪嫌疑人立即拘留，并速告我部 ×× 局。

对发现线索的举报人、通缉有功的单位或个人，将给予 ×××× 元奖励。

附：犯罪嫌疑人杨 ×× 照片

公安部

×××× 年 ×× 月 ×× 日

2.12　提请批准逮捕书

提请批准逮捕书，即公安机关依法对已具备逮捕条件的犯罪嫌疑人向同级人民检察院提出请求审查批准逮捕的法律文书。

根据《中华人民共和国刑事诉讼法》的规定，公安机关要求逮捕犯罪嫌疑人的时候，应当由县级以上公安机关负责人签署《提请批准逮捕书》，一式三份，公安机关留存一份，其余两份连同案卷材料、证据，一并移送同级人民检察院审查批准。

公安机关接到人民检察院的批准逮捕决定书后，应立即填发逮捕证，对犯罪嫌疑人执行逮捕。接到不批准逮捕决定书后，如果犯罪嫌疑人、被告人已被拘留，应当立即释放，并发给释放证明书，并将执行回执在三日内送达作出不批准逮捕决定的人民检察院。对已经被拘留的不批准逮捕的犯罪嫌疑人，公安机关认为需要补充侦查、要求复议或者提请复核的，可以变更为取保候审或监视居住。对于人民检察院决定不批准逮捕而未说明原因的，公安机关可以要求人民检察院说明理由。对于人民检察院不批准逮捕的决定，公安机关认为有错误需要复议的，应当在五日内制作要求复议意见书，报经县级以上公安机关负责人批准后，送交同级人民检察院复议。

提请批准逮捕书，必须由公安机关制作。

2.12.1　格式写法

提请批准逮捕书一般由首部、正文和尾部三部分组成。

1. 首部

提请批准逮捕书的首部包括标题和文书编号。

标题由文书制作机关和文书名称构成，分两行居中书写，如“××××

公安局”“提请批准逮捕书”。

文书编号，依次写明制作机关简称、案件性质、文书名称简称、制作年份和案件顺序号，如“× 公刑 ×× 字〔××××〕第 ×× 号”。

2. 正文

正文是提请批准逮捕书的核心部分，包括以下内容：

（1）犯罪嫌疑人的基本情况。依次写明犯罪嫌疑人的姓名（别名、曾用名、绰号等）、性别、出生日期、出生地、身份证号码、民族、文化程度、职业、工作单位及职务、住址、政治面貌（如是人大代表、政协委员，一并写明具体级别）、违法犯罪经历及因本案被采取强制措施的情况。案件有多名犯罪嫌疑人的，应逐一写明。

在填写共同犯罪案件犯罪嫌疑人的基本情况时可以按照各犯罪嫌疑人在共同犯罪案件中的地位和作用（主犯、从犯、胁从犯）依次填写。

如果犯罪嫌疑人是在被收容审查期间被提请批准逮捕的，应注明收审日期及原因。

（2）案由与案件来源。写明案由和案件来源，具体为单位或者公民举报、控告、上级交办、有关部门移送、本局其他部门移交以及办案中发现等。简要写明案件侦查过程中的各个法律程序开始的时间，如受理案件、立案的时间。还应写明犯罪嫌疑人的归案情况。

这是一段程式化用语，可表述为：“犯罪嫌疑人涉嫌 ××××（罪名）一案，由 ××× 举报（控告、移送）至我局”。

（3）犯罪事实。这一部分是提请批准逮捕书的重点，是批准逮捕的事实依据。应概括叙述经公安机关侦查认定的犯罪事实；应当根据具体案件情况，围绕刑事诉讼法规定的逮捕条件，简明扼要叙述。写时用“经依法侦查查明：”引起，然后概括叙述经侦查机关审查认定的犯罪事实。

（4）认定事实的证据。分列公安机关已经收集、获取的相关证据。写时用“认定上述事实的证据如下：”引起，然后将侦查机关搜集的能够认定犯罪事实的证据一一列举出来。

（5）犯罪行为的性质及法律依据。先根据犯罪构成，简要说明犯罪嫌疑人的罪状。之后根据犯罪嫌疑人的犯罪事实，援引《中华人民共和国刑法》有关条文，认定犯罪嫌疑人涉嫌什么罪，后再引用《中华人民共和国刑事诉讼法》相关规定，提请批准逮捕。

3. 尾部

提请批准逮捕书的尾部包括致送机关、署名、用印、日期和附项。

（1）致送机关，即“此致”“×××× 人民检察院”，分两行排列。

（2）署名、用印和日期，即在正文右下角由公安机关负责人署名并加盖局长私人章，之下注明发文日期，并在上面加盖公安机关公章。

（3）附项，包括卷宗册数和犯罪嫌疑人羁押处所等事项。

2.12.2　写作注意事项

提请批准逮捕书一般是一案一份，但在共同犯罪案件中，需要提请批准逮捕数名犯罪嫌疑人时，可合写一份文书。

叙述犯罪事实时，应重点突出，即抓住主要犯罪事实叙述；涉及被害人或其他当事人的隐私问题时，不宜详述具体情节。

制作提请批准逮捕书时，引用的法律条文要全面、准确；同时要严格掌握逮捕的条件。

2.12.3　范文示例

××××公安局

提请批准逮捕书

×公刑捕字〔××××〕第××号

犯罪嫌疑人金××，男，××××年××月××日出生，民族：汉，籍贯：××省××县，文化程度：××，工作单位及职业：××省××市××县××乡××村农民，户籍所在地：××省××市××县××乡××村，现住址：××省××市××县××乡××村。

简历：××××年至××××年在××县××乡小学读书，××××年至今在××县××乡××村务农，××××年××月××日被刑事拘留。

经依法侦查查明：××××年××月××日晚××时许，金××在本村村民李××家里同巴××（被害人）、李××、徐××、张××（被害人）等人通过打扑克牌进行赌博，张××因输光了钱，遂向金××借

××元钱，金××不同意。张××举拳打了金××面部数下，后被他人劝开。金××被打后，产生报复心理，在回家路上，趁被害人张××不备，拿出随身携带的杀猪刀……后逃往××县其姑家，于××××年××月××日被××县公安局××××派出所抓获。

认定上述犯罪事实的证据如下：报案记录、被害人的证言、现场勘验记录，犯罪嫌疑人金××供认不讳。

综上所述，犯罪嫌疑人金××的行为已触犯《中华人民共和国刑法》第××条之规定，涉嫌××××罪。依照《中华人民共和国刑事诉讼法》第××条、第××条之规定，特提请批准逮捕。

此致

××市人民检察院

局长：×××（印）

××××公安局（印）

××××年××月××日

附：1. 本案卷宗××卷××页

2. 犯罪嫌疑人金××现羁押在××市看守所

2.13 起诉意见书

起诉意见书，是指公安机关对于侦查终结的案件，认为犯罪事实清楚，证据确实、充分，应当依法追究犯罪嫌疑人刑事责任，因而向同级人民检察院提出起诉意见，请人民检察院审查起诉时制作的文书。它是一种以文字叙述为主，并结合填空说明某些要素的文书。这是公安机关对刑事案件做出结论的文书，也是最能体现公安机关侦查职能的文书。

起诉意见书的制作标志着公安机关侦查工作的结束，是对案件侦查情况的全面总结，是公安机关对犯罪嫌疑人的指控意见书，集中反映了公安机关办理案件的情况和质量；同时也是人民检察院提起公诉和人民法院审理案件的重要基础和依据。

2.13.1　格式写法

起诉意见书一般由首部、正文和尾部三部分组成。

1. 首部

起诉意见书的首部由制作机关名称、文书名称、文书编号组成。

制作机关名称、文书名称，分两行居中，如“×××× 公安局”“起诉意见书”。

文书编号，应依次写明制作机关简称、案件性质、文书名称简称、制作年份和案件顺序号，如“× 公刑诉字〔××××〕第 ×× 号”。

2. 正文

正文是起诉意见书的核心部分，主要包括以下内容：

（1）犯罪嫌疑人的基本情况。犯罪嫌疑人的基本情况包括：犯罪嫌疑人的姓名（包括别名、曾用名、绰号等与作案有关的名字，犯罪嫌疑人姓名未查清的，按其自报的姓名填写）、性别、出生日期、出生地、身份证号码（包括身份证、护照等有关身份证件的号码）、民族、文化程度、职业、工作单位及职务、住址、政治面貌（如是人大代表、政协委员，一并写明具体级别）、违法犯罪经历（受过何种刑事处分、治安处罚和被劳动教养的情况等）及因本案被采取强制措施的情况。

另外，犯罪嫌疑人如果是被拘留和逮捕的，则应当写明被拘留的原因、时间，执行单位的名称和逮捕时间，批准逮捕的公安机关名称。

共同犯罪案件中若有几个犯罪嫌疑人需要追究刑事责任的，则对犯罪嫌疑人的身份情况及违法犯罪经历要分别叙述，并按照首要分子、主犯、从犯、胁从犯的顺序排列。单位犯罪案件还应当写明单位的名称、地址。

（2）案由和案件来源。这部分是一个简短的过渡性段落，具体为单位或者公民举报、控告、上级交办、有关部门移送或工作中发现等。简要写明案件侦查过程中的各个法律程序开始的时间，如接受案件、立案的时间。具体写明犯罪嫌疑人归案情况。一般用固定表述：“犯罪嫌疑人 ××× 涉嫌 ×××× 案，现已侦查终结。”

（3）犯罪事实和证据。这部分是定罪的关键，所以要详写。

①犯罪事实。这一部分主要写明经过侦查和预审查确认的犯罪事实，包括犯罪时间、地点、经过、手段、目的、动机、危害后果等与定罪有关的事

实要素，要根据具体案件情况，围绕刑法规定的相关罪名构成要件，简明扼要地叙述。

②证据。在叙述清楚犯罪事实后，另起一段用“认定上述事实的证据如下：”引出列举的证据。列举证据，并不是要将案件中的所有证据一一列出，而是根据不同性质案件的不同特点，有针对性地列举部分主要证据，而且要写得简明扼要。在列举证据后，另起一段，写明“上述犯罪事实清楚，证据确实、充分，足以认定。”

③案件有关情节。主要写明犯罪嫌疑人是否累犯、立功、自首等影响量刑的从重、从轻、减轻等犯罪情节。

（4）理由和移送审查的意见，是公安机关在叙述犯罪事实的基础上对案件所做的分析认定，是针对犯罪的具体事实、情节，运用犯罪构成理论，对犯罪嫌疑人的行为做出法律上的评判。

①理由。理由包括犯罪性质认定及移送审查起诉的结论依据。概括说明犯罪嫌疑人的行为特征及其触犯的刑法条文和涉嫌罪名；移送案件的法律依据要写明依据的具体法律条款。引用的法律，应当写明法律的全称；引用的法律条文，要写明具体的条文号，条文中有款、项的，要具体到款、项。

②移送审查的意见。移送审查的意见是起诉意见书的结论，概括说明向检察机关提出的起诉建议。

理由和移送审查的意见具体可表述为：“综上所述，犯罪嫌疑人×××……（根据犯罪构成简要说明罪状），其行为已触犯《中华人民共和国刑法》第××××条之规定，涉嫌××××罪。依照《中华人民共和国刑事诉讼法》第××××条之规定，现将此案移送审查，依法起诉。”

3. 尾部

起诉意见书的尾部包括致送机关、落款和附项等内容。

（1）致送机关，即写明移送的同级人民检察院的名称。

（2）落款，即署名、用印、日期，在正文右下角由公安机关负责人署名并加盖局长的印章；之下注明制作日期，并加盖公安机关的公章。

（3）附项，主要包括卷宗册数和犯罪嫌疑人羁押处所等事项。根据需要填写“本案卷宗××卷××页”“犯罪嫌疑人现在处所”“随案移交物品××件”“被害人×××已提出附带民事诉讼”等内容。

2.13.2　写作注意事项

制作起诉意见书时，格式要规范，材料使用要讲究，概括要恰当，法律术语运用要到位。

起诉意见书制作完毕后，应当连同案卷材料、证据一并移送同级人民检察院审查决定。

2.13.3　范文示例

××××公安局

起诉意见书

×公刑诉字〔××××〕第××号

犯罪嫌疑人田××，男，××××年××月××日出生，回族，××省××县人，高中文化，工作单位及职业：××市××××公司职工，住址：××省××市××区××××街××号。××××年××月因盗窃被行政拘留15天。××××年××月××日因抢劫被我局刑事拘留，同年××月××日经××市人民检察院批准逮捕。

犯罪嫌疑人田××涉嫌抢劫一案，由×××举报（控告、移送或者自首）至我局。我局审查后，于××××年××月××日立案侦查，同年××月××日，田××被抓获归案。犯罪嫌疑人田××涉嫌抢劫一案，现已侦查终结。

经我局侦查终结，证实犯罪嫌疑人田××有下列犯罪事实：

××××年××月××日上午，田××携带一把尖刀乘客运汽车窜到××市并熟悉了地形。晚××时许，田××在××区××××街搭乘一辆红色出租车行至××××街加油站附近时，坐在副驾驶室的田××拿出尖刀逼住司机李××。威胁李××下车，司机李××见状弃车而逃。田××开车离去，行至佳乐超市门口时，被前来追捕的公安人员当场抓获。

认定上述犯罪事实的证据如下：

…………（分列相关证据）

上述犯罪事实清楚，证据确实、充分，足以认定。

综上所述，犯罪嫌疑人田 ×× 的行为触犯了《中华人民共和国刑法》第 ×××× 条之规定，涉嫌 ×××× 罪；根据《中华人民共和国刑事诉讼法》第 ×××× 条之规定，特将本案移送审查，依法起诉。

此致

××× 人民检察院

局长：×××（印）

×××× 公安局（印）

×××× 年 ×× 月 ×× 日

附：1. 本案侦查卷宗 ×× 卷

2. 犯罪嫌疑人田 ×× 现押于 ×× 市看守所

3. 随案移送物品 ×× 件

2.14 呈请撤销案件报告书

呈请撤销案件报告书，是公安机关对已经立案侦查的案件，在立案审查中，如发现有符合《中华人民共和国刑事诉讼法》第十六条规定的六种情形之一的（情节显著轻微、危害不大，不认为是犯罪的；犯罪已过追诉时效期限的；经特赦令免除刑罚的；依照刑法告诉才处理的犯罪，没有告诉或者撤回告诉的；犯罪嫌疑人、被告人死亡的；其他法律规定免予追究刑事责任的），或经过侦查应予以否定原立案根据时制作的报请县级以上公安机关审批的文书。

呈请撤销案件报告书，既是报由领导审批的文字凭证，也是经批准后予以销案的文字依据，它有利于准确执法，维护当事人的权利，确保办案质量，避免错案的发生。

2.14.1 格式写法

呈请撤销案件报告书一般由首部、正文和尾部三部分组成。

1. 首部

首部包括制作机关名称与文书名称、文书编号和批示。

制作机关名称，即“×××× 公安局”；文书名称，即“呈请撤销案件报告书”。此两项内容应置于文书顶端正中，分两行编排。

文书编号，依次写明制作机关简称、案件性质、文书名称简称、制作年份和案件顺序号，如“× 公 ×× 字〔××××〕第 ×× 号”，写在文书名称的右下方。

批示分为两栏，上栏为领导批示栏，由县级以上公安机关负责人签署意见、署名，并注明日期，下栏为审核意见栏，由主管科室负责人签署意见、署名，并注明日期。

2. 正文

呈请撤销案件报告书的正文包括以下内容：

（1）标题，既可以是文书名称“呈请撤销案件报告书”，也可以是“呈请撤销 ×××× 案报告书”。

（2）第一部分，写明案件侦查与查证事实，一般表述为：“×××× 负责侦查的 ×××× 案件，经查证，犯罪事实并不存在，应撤销案件。现将情况报告如下：”

（3）第二部分，写明犯罪嫌疑人的基本情况；有被害人的，还要写明被害人的基本情况。

（4）第三部分，写明原立案的根据和来源，包括案件来源简述、批准立案的机关、案件勘查情况、调查结果和案情分析，以及原定犯罪事实、证据、结论等内容。一般采用综合归纳的方法概括介绍。

（5）第四部分，写明案件的侦查结果，即详细叙述对犯罪嫌疑人进一步侦查的结果，不仅要写出犯罪事实和证据材料，还要写出侦查后所获得的否定原立案性质和罪名的事实根据和证据，以及撤销案件的理由及所引用的有关法律条款。

（6）第五部分，写明呈请事项，一般表述为：“综上所述，犯罪嫌疑人 ××× 的犯罪事实并不存在，根据《中华人民共和国刑事诉讼法》第 ×××× 条之规定，拟撤销 ×××× 案，将 ××× 无罪释放。”

（7）结语，一般使用惯用语，如“妥否，请批示”。

3. 尾部

尾部包括文书制作单位的名称、承办人姓名，并注明制作文书的日期。

2.14.2 写作注意事项

因为侦查结果是撤销案件的根本依据，所以叙述查证的事实及证据时要客观、具体、重点突出、抓住关键。

对撤销案件的理由论述要充分、深刻，引用的法律条文要准确，使有关领导看到后感到销案有理、有据。

呈请撤销案件报告书的措辞要客气、礼貌、得体，尽量多用谦恭语，避免使用生硬、简单、带有偏激性的语言。

呈请撤销案件报告书将会被存入侦查工作案卷（副卷）中。

2.14.3 范文示例

××××公安局

呈请撤销案件报告书

×公××字〔××××〕第××号

领导批示	××××。 ××× ××××年××月××日
审核意见	××××。 ××× ××××年××月××日

呈请撤销××××案报告书

××××负责侦查的××××案件，经查证，犯罪事实并不存在，应撤销案件。现将情况报告如下：

犯罪嫌疑人韩××，男，××岁，×族，大专毕业，××省××县人，系××县第二中学教师。现住址：××县第二中学职工宿舍××栋××号。

被害人胡××，女，××岁，×族，高中毕业，××省××县人，系××县汽车运输公司司机。现住址：××县××路××胡同××号。

续表

一、原立案根据和理由 ××××年××月××日，胡××及其母亲郭××向我局刑警队报案：××××年××月××日夜，××县第二中学教师韩××以处对象为名，将胡××骗至××××桥下将其强奸。××××年××月××日，经××县公安局李××局长批准，该案立为强奸案侦查。××××年××月××日，依法传唤了犯罪嫌疑人韩××。经讯问，韩××对强奸胡××的犯罪事实供认不讳。经查，胡××处女膜有陈旧性破裂，内衣有精液斑痕。××××年××月××日将韩××逮捕。 二、案件侦查的结果 韩××被捕后，虽然承认了强奸胡××的事实，但在具体细节上和胡××所述相差甚远。经调查证实，自××××年××月以来，两人来往甚密，胡××也在韩××宿舍多次留宿。××××年××月××日，经再次询问胡××，胡××说：自××××年和韩××认识之后，感情一直很好，两人正在恋爱，否认曾被韩××强奸，并说自愿和韩××多次发生两性关系。××××年××月××日夜在××××桥下发生关系时被人发现。当晚其母郭××知道后将胡××痛打一顿。第二天，郭××逼着胡××到公安局告韩××强奸了她。××××年××月××日，提审韩××时，韩××亦推翻原供述，称胡××和他发生关系都是自愿的，但因特别爱胡××，加之惧怕，就承认强奸了胡××。 综上所述，犯罪嫌疑人韩××强奸胡××的犯罪事实不存在，根据《中华人民共和国刑事诉讼法》第××××条之规定，拟撤销韩××强奸案。 当否，请批示。 ××××公安局 ×××　××× ××××年××月××日

2.15　补充侦查报告书

人民检察院对于公安机关提请批准逮捕的案件进行审查后，应当根据情况分别作出批准逮捕或不批准逮捕的决定。对于批准逮捕的决定，公安机关应当立即执行，并且将执行情况及时通知人民检察院。对于不批准逮捕的，人民检察院应当说明理由，需要补充侦查的，应当同时通知公安机关。

补充侦查报告书是公安机关根据人民检察院补充侦查决定书的要求，进行补充侦查后，将补充侦查的结果告知人民检察院时所制作的法律文书。

2.15.1 格式写法

补充侦查报告书由首部、正文和尾部三部分组成。

1. 首部

首部包括制作机关名称、文书名称、文书编号及受文机关名称。

制作机关名称，即“×××× 公安局”；文书名称，即“补充侦查报告书”。这两项内容居中分两行编排。

文书编号，依次写明制作机关简称、案件性质、文书名称简称、制作年份和案件顺序号，如“× 公 ×× 字〔××××〕第 ×× 号”。

受文机关名称，即“×××× 人民检察院”。

2. 正文

正文由引言、主体和结尾三部分组成。

（1）引言部分，即案由。应写明人民检察院补充侦查决定书的发文字号、日期以及退回补充侦查案件的名称，并告知已经补充侦查完毕，这部分内容均有固定的格式要求，按照实际情况填写即可。

（2）主体部分为补充侦查的结果。这是补充侦查报告书的重点，要详细地写明进行补充侦查的有关情况和结果。

（3）结尾部分，应当说明补充侦查报告书所附卷宗的册数和补充侦查的证据材料的页数，以及随案移送的物证情况。

3. 尾部

尾部即落款。

落款，即注明制作日期并加盖公安机关印章。

2.15.2 写作注意事项

制作补充侦查报告书时，要针对人民检察院退回补充侦查决定书中所列的补充侦查提纲，逐条予以说明。对补充侦查的结果要根据案件的具体情况，尽量叙述清楚、明白，要能反映出补充侦查的方式和所获物证、证人证言等证据情况，做到根据充分，结果有据。对于经过补充侦查，查清楚的问题，要把进行补充侦查方法和结果如实叙述出来，以便人民检察院审核；对于经过补充侦查，仍然没有查清和无法查清的问题，要把没有查清的原因写清楚；对于案卷材料中已有材料证明，不需要补充侦查的问题，要在案卷中注明没有补充侦查的必要；对于法律手续不完备而退查的案件，要说明按照法定程序补办法律手续的情况。

补充侦查报告书一式两份，一份交给检察院，一份存入附卷。

2.15.3　范文示例

××××公安局

补充侦查报告书

×公××字〔××××〕第××号

市人民检察院：

你院于××××年××月××号以×检××字〔××××〕第××号补充侦查决定书退回的我局提请批准逮捕的××××故意伤害一案，已经补充侦查完毕。结果如下：

一、本案起因，纯属由口角引起。××××年××月××日，犯罪嫌疑人李××约周××、刘××到舞厅跳舞。在跳舞的过程中，司××的女友吴××对司××说李××对她耍流氓，司××找到李××大骂，导致双方殴打，造成一死一伤。

二、同案犯罪嫌疑人李××供述，以及司××女友吴××的证词。

三、关于汪××是否参与打架的问题，查证结果予以否定。据补充侦查审核的材料显示，汪××在发案时，一直在场，但他没有参与打架。犯罪嫌疑人司××、李××及其他在场人也证实汪××没有参与打架。汪××与此案无直接利害关系。

现将该案预审卷宗××卷及补充侦查材料××页附后，请审查。

××××公安局（加盖公章）

××××年××月××日

2.16 要求复议意见书

要求复议意见书是公安机关认为同级人民检察院的不批准逮捕、不起诉决定有错误时，依法要求人民检察院对其原决定重新进行审议时所制作的文书。

要求复议意见书是公安机关依法行使复议权，对人民检察院的决定提出不同意见的司法凭证。它可以促使人民检察院严格依法办案，正确运用法律，从而保证办案质量，使犯罪分子得到应有的惩罚。

2.16.1 格式写法

要求复议意见书一般由首部、正文和尾部三部分组成。

1. 首部

首部包括制作机关名称、文书名称、文书编号、受文机关名称。

制作机关名称，即“×××× 公安局”；文书名称，即“要求复议意见书”。此两项内容居中分两行编排。

文书编号，依次写明制作机关简称、案件性质、文书名称简称、制作年份和案件顺序号，如“× 公 ×× 字〔××××〕第 ×× 号”。

受文机关名称，即“×××× 人民检察院”。

2. 正文

正文包括案由、要求复议的理由和意见、提出复议的法律依据和要求三部分内容。

（1）案由，即引言。首先要写清楚人民检察院作出不批准、不起诉决定的文书编号、案件名称，然后写明制作机关认为同级人民检察院的决定有误的简要意见。

（2）要求复议的理由和意见，是要求复议意见书的重点部分。主要是分析人民检察院不批准逮捕、不起诉决定的错误，证明公安机关对犯罪嫌疑人提请逮捕或者移送起送处理意见的正确性。

（3）提出复议的法律依据和要求，即先引用法律依据，如果是针对不批准逮捕要求复议的，引用《中华人民共和国刑事诉讼法》第七十条；如果是针对不起诉决定书要求复议的，引用《中华人民共和国刑事诉讼法》第百四十四条，然后提出要求人民检察院进行复议的意见。

3. 尾部

尾部包括附项和落款。

（1）附项，即说明犯罪嫌疑人案卷册数及页数。

（2）落款，即注明发文机关名称、发文日期，并加盖发文机关公章。

2.16.2　写作注意事项

制作要求复议意见书时，要针对人民检察院作出的决定的有误之处，结合案件的具体情况，阐明公安机关要求复议的理由。

2.16.3　范文示例

××××公安局

要求复议意见书

×公××字〔××××〕第××号

××××人民检察院：

你院××××年××月××日以×检刑不诉字〔××××〕第××号文决定，对犯有教唆重婚罪的犯罪嫌疑人吴××、张××不起诉一案，我局认为犯罪嫌疑人吴××、张××合伙于××××年××月以营利为目的，采取欺骗、引诱等手段，将有夫之妇刘××和女青年赵××（17 岁）拐骗到××××，分别以××××元和××××元卖给××省××县××乡××村龚××、付××为妻。犯罪嫌疑人吴××得赃款××××元，犯罪嫌疑人张××得赃款××××元。犯罪嫌疑人吴××、张××的行为触犯了《中华人民共和国刑法》第××××条第××款之规定，构成拐卖妇女罪，且系共同犯罪。你院认定犯罪嫌疑人吴××、张××的行为系借介绍婚姻索取钱财，决定不起诉。我们认为，你院对犯罪嫌疑人吴××、张××的行为定性不准，作出不起诉的决定不当，我局建议对犯罪嫌疑人吴××、张××以拐卖妇女罪提起公诉。

因此，根据《中华人民共和国刑事诉讼法》第 ×××× 条之规定，特要求你院进行复议。

附：本案预审卷宗 ×× 卷 ×× 页

×××× 公安局（印章）
×××× 年 ×× 月 ×× 日

2.17 提请复核意见书

当公安机关认为人民检察院不批准逮捕、不起诉的决定有误时，可以要求复议，如果意见不被接受，可以向上一级人民检察院提请复核。提请复核时，必须制作提请复核意见书，报请上一级人民检察院审查决定。

2.17.1 格式写法

提请复核意见书一般由首部、正文和尾部三部分组成。

1. 首部

首部包括制作机关名称、文书名称、文书编号和受文机关名称。

制作机关名称，即“××× 公安局”；文书名称，即“提请复核意见书”。此两项内容居中分两行编排。

文书编号，依次写明制作机关简称、案件性质、文书名称简称、制作年份和案件顺序号，如“× 公 ×× 字〔××××〕第 ×× 号”。

受文机关名称，即“×××× 人民检察院”。

2. 正文

正文是提请复核意见书的写作重点，主要包括案由、提请复核的理由和意见、提请复核的法律根据和要求。

（1）案由，即说明提请复核的原因。首先，写明复议书的签发日期、编号和要求复议的具体内容；其次，写明同级人民检察院复议决定书的签发日期、发文机关和复议决定的具体内容；再次，指明公安机关认为同级人民检察院复议决定的错误所在。

（2）提请复核的理由和意见，即针对同级人民检察院复议决定书中的决定事项和理由，逐条予以反驳，指出复议决定不能成立，明确提出对案件的处理意见。这是中心部分，指出双方分歧的原因所在，对于在原请求复议意见书中所列举的事实和所持的理由进一步重申，指出同级人民检察院不批准逮捕、不起诉的理由，通过对比，运用驳论手法，表明不同意见。

（3）提请复核的法律根据和要求，即根据复核的具体内容，分别引用《中华人民共和国刑事诉讼法》第七十条和第一百四十四条，提请上一级人民检察院对此案进行复核。提出复议的时间、内容和未被采纳的情况，提出复核的原因和公安机关认定的结论。

3. 尾部

尾部包括附项和落款。

（1）附项，即说明案卷册数及页数。

（2）落款，即注明发文机关名称、发文日期，并加盖发文机关公章。

2.17.2　写作注意事项

在制作提请复核意见书时，提请复核的原因必须写清楚，目的要明确。正文部分要针对复议决定书提出论点和论据，要具体、扼要地写明犯罪事实，要证据确凿，引用法律条文要准确。

在提请复核意见书中指出同级人民检察院的决定错误时，要理由充分，不能含含糊糊。提请复核和要求复议的语言风格要求一致，即平和、委婉、据理力争。

2.17.3　范文示例

××××公安局

提请复核意见书

×公××字〔××××〕第××号

××××人民检察院：

我局于××××年××月××日以×公××字〔××××〕第××

号文要求 ×××× 人民检察院复议的 ×××× 案，该院以 ×××× 字〔××××〕第 ×× 号文决定维持原 ×××× 决定，我局认为该院决定有误，理由是：

…………（提请复核的理由和意见）

综上所述，根据《中华人民共和国刑事诉讼法》第 ×××× 条之规定，特提请你院对此案进行复核。

附：本案预审卷宗 ×× 卷 ×× 页

×××× 公安局（印章）

×××× 年 ×× 月 ×× 日

第3章 检察机关法律文书

检察机关法律文书，包括检察机关自侦法律文书和检察机关刑事法律文书，是各级人民检察院为实现法律监督职能，依法制作的具有法律效力和法律意义的司法文书。

检察机关法律文书，是人民检察院进行诉讼活动和保证法律正确实施的重要工具，是人民检察院依法办案的客观记录，是人民检察院办案质量的集中反映，也是人民检察院行使检察、法律监督等职权的重要文字凭证。

3.1 起诉书

起诉书，是指人民检察院经对移送审查起诉的案件进行审查，认为被告人的犯罪事实已经查清，证据确实、充分，应依法追究刑事责任的，应当作出起诉决定，按照审判管辖的规定向同级人民法院提起公诉时所制作的法律文书。

起诉书是人民检察院代表国家将被告人交付审判的法律凭证，是人民法院对被告人进行审判的基础；它既是公诉人出庭支持公诉、发表公诉意见的重要依据，又是被告人及其辩护人准备辩护的重要依据材料。

按照适用的诉讼程序和对象的不同，起诉书分为自然人犯罪案件普通程序适用、单位犯罪案件适用和附带民事诉讼案件适用三种格式。

3.1.1 格式写法

起诉书一般由首部、正文和尾部三部分组成。

1. 首部

首部包括制作机关名称、文书名称、文书编号。

制作机关名称，即制作文书的人民检察院的名称，除最高人民检察院制作的起诉书以外，地方各级人民检察院的名称前均应写明所在省、自治区、直辖市的名称；凡是涉外的刑事案件，各级人民检察院的名称前均应写明“中华人民共和国”字样。

文书名称，即“起诉书”。

文书编号，由制作文书的人民检察院的简称、具体办案部门的简称、制作年份和文书序号等构成，如“× 检 ×× 诉字〔××××〕第 ×× 号”。

2. 正文

正文包括以下几部分：

（1）被告人基本情况。这部分内容包括被告人姓名、性别、年龄、出生日期、出生地、身份证号码、民族、文化程度、职业、工作单位及职务（属于国家工作人员利用职权犯罪的，应当写明犯罪期间在何单位任何职务；属于人大代表或者政协委员的，也应当注明）及住址。是否受过行政处罚或刑事处罚；在写行政处罚或刑事处罚情况时，应当依次写明处罚的时间、原因、处罚种类、决定机关和释放时间等。在本案中被采取的强制措施的相关情况，包括强制措施的原因、种类、批准或者决定机关、批准或者决定的时间、执行机关、执行时间等情况。

如果是单位犯罪，应写明犯罪单位的名称，所在地址，法定代表人的姓名、性别、职务。如果还有应当负刑事责任的“直接负责的主管人员或其他直接责任人员”，应当按上述被告人基本情况内容写明。

（2）案由和案件审查过程。根据案件的不同情况，分别依照格式的要求来写。

案由和案件审查过程，应当用单一自然段独立表述，主要包括：案由和案件来源、检察机关审查起诉的情况及其他需要注明的相关情况。

①案由和案件来源情况，分以下几种情况：

一是对于侦查机关移送审查起诉的需要变更管辖权的案件，可表述为：“本案由 ××××（侦查机关）侦查终结，以被告人 ××× 涉嫌 ×××× 罪，于 ×××× 年 ×× 月 ×× 日向本院移送审查起诉。”

二是对于检察机关自侦的案件，可表述为：“被告人 ××× 涉嫌 ×××

× 罪一案，由本院侦查终结，于 ×××× 年 ×× 月 ×× 日移送审查起诉。”

三是对于其他人民检察院侦查终结的需要变更管辖权的案件，可表述为：“本案由 ×××× 人民检察院侦查终结，以被告人 ××× 涉嫌 ×××× 罪，于 ×××× 年 ×× 月 ×× 日向本院移送审查起诉。”

②检察机关审查起诉的情况，通常表述为：“本院受理后，于 ×××× 年 ×× 月 ×× 日已告知被告人有权委托辩护人，×××× 年 ×× 月 ×× 日已告知被害人及其法定代理人（或者近亲属）、附带民事诉讼当事人及其法定代理人有权委托诉讼代理人，依法讯问了被告人，听取了被害人的诉讼代理人 ××× 和被告人的辩护人 ××× 的意见，审查了全部案件材料……”

③其他需要注明的相关情况，主要包括退回补充侦查的次数、时间，或者延长审查起诉期限等。这些情况虽与诉讼过程有关，但并不是每个起诉书都必须具备，要视具体个案情况而定。

（3）案件事实。这部分内容是起诉书的重点。该部分的写作先要另起一段，以“经依法审查查明：”引出检察机关审查查明的犯罪事实；然后，再另起一段，概括叙述经检察机关审查认定的案件事实。

叙述案件事实时，可以根据案件事实的不同情况，采取相应的表述方式。

①对于重大案件、具有较大影响力的案件、检察机关直接受理立案侦查的案件，都必须详细写明具体犯罪事实的时间、地点，实施行为的经过、手段、目的、动机、危害后果和被告人案发后的表现及认罪态度等内容，特别是要将属于犯罪构成要件或者与定罪量刑有关的事实要素列为重点。既要避免发生遗漏，也要避免将没有证据证明或者证据不足，以及与定罪量刑无关的事项写入起诉书，做到层次清楚、重点突出。

②对于一般案件，通常应当详细写明案件事实；对于只有一个被告人的案件，被告人实施多次犯罪的，但犯罪手段、危害后果等方面相同的案件事实，可以先对相同的情节进行概括叙述，然后再逐一列举每起事实的具体时间、结果等情况，而不必详细叙述每起犯罪事实的过程；对于同时触犯数个罪名的被告人的犯罪事实应当按照主次顺序分类列举；对于共同犯罪的案件，写明被告人的共同犯罪事实及各自在共同犯罪中的地位和作用后，按照被告人的主次顺序，分别叙述各个被告人的单独犯罪事实。

（4）证据。在对案件事实叙述完毕之后，应另起一段以“认定上述犯罪事实的证据如下：”引出对证据的列举。

起诉书列举证据，应当指明主要证据的名称、种类，不必对证据与案件事实之间的关系、证据与证据之间的关系进行具体的分析、论证。列举证据时，一般采取“一事一证”的方式，即在叙述每起案件事实之后，写明据以认定的主要证据。也可以根据具体情况，在概括叙述多起犯罪事实之后，概括列举认定这些犯罪事实的主要证据种类和名称。

（5）起诉要求和根据。这部分的内容主要包括：概括说明被告人行为的性质、危害程度、情节轻重，被告人触犯的刑法条文和涉嫌的罪名；检察机关提起公诉的法律根据、情况。

对于被告人行为的性质、危害程度、情节轻重，要结合犯罪的各构成要件进行概括性的表述，突出本罪的特征，语言要精练、准确。需要注意的是，引用法律条文时要准确，要具体到条、款、项，法律条文序号应当以汉字表述。

这部分内容一般表述为：“本院认为，被告人 ×××（姓名）……（概括叙述被告人行为的性质、危害程度、情节轻重），其行为触犯了《中华人民共和国刑法》第 ×××× 条第 ×× 款之规定，犯罪事实清楚，证据确实、充分，应当以 ×××× 罪追究其刑事责任。依照《中华人民共和国刑事诉讼法》第 ×××× 条之规定，提起公诉，请依法判处。”

3. 尾部

尾部主要包括致送机关、落款和附项。

（1）致送机关，即“×××× 人民法院”。

（2）落款，即标注具体承办案件公诉人的法律职务和姓名，并注明日期。

（3）附项，主要包括被告人所在处所，涉案款物的情况，证据目录、证人名单和主要证据复印件及数量，被害人提起附带民事诉讼的情况等。

3.1.2 写作注意事项

在制作起诉书时，对于案件事实的叙述要注意条理清晰、简明具体、用语准确、布局合理。在具体叙述案件事实时，对于事实不清或者证据不足，是否构成犯罪尚存有疑问的，不应当在起诉书中叙述；叙述犯罪事实时要素要完整，即有关犯罪的时间、地点、经过、手段、动机、目的、危害后果等必要要素都应表述清楚；对起诉书所指控的所有犯罪事实，无论是一人一罪、多人一罪，还是一人多罪、多人多罪，都必须逐一列举；叙述案件事实，要按照合理顺序进行，一般可按照时间先后顺序。一人多罪的，应当按照各种犯罪的轻重顺序叙述，把重罪放在前面，把次罪、轻罪放在后面；多人多罪的，应当按照主犯、从犯或者重罪、轻罪的顺序叙述，突出主犯、重罪。

3.1.3　范文示例

××省××市人民检察院

起诉书

×检××诉字〔××××〕第××号

被告人×××，男，××岁，汉族，××省××市人，高中文化程度，××市第××届人民代表大会代表，××市××××房地产开发有限公司、××市××××建设开发有限公司董事长兼总经理，住本市××××街××号。××××月××日经××区人民检察院批准逮捕，同月××日被逮捕。

被告人×××受贿、贪污，签订、履行合同失职被骗一案，经××市××区人民检察院侦查终结，于××××年××月××日依法报送本院审查起诉。本院受理后，于××××年××月××日已告知被告人有权委托辩护人，××××年××月××日已告知……

经依法审理查明：

一、受贿

××××年××月至××××年春节期间，被告人×××在担任××市××××房地产开发有限公司总经理期间，在负责发包其公司办公大楼工程给××市××××建筑公司承建的过程中，利用职务便利，收受该公司项目负责人李××的贿赂款××××元人民币。

××××年××月至××××年××月，被告人×××在担任××市××××建设开发有限公司总经理期间，在负责发包××××大厦土建工程给××县××××建筑公司承建的过程中，利用职务便利，收受××××的项目负责人王××的贿赂款××××元人民币。

…………

二、贪污

××××年××月至××××年××月期间，被告人×××利用担任××××公司经理的职务便利，先后××次在其公司设在香港××××公司账户上，以“代××××公司付”“职工考察费”“差旅费”等名义，共提取现金港币××××元使用，除部分用于公务支出外，尚有港币××××元被被告人×××非法占有。

××××年底，被告人××××在××区审计局对其进行离任审计时，从工程合作方××××公司账上抽走已报销入账的三张旅游费发票（金额合计港币××××元），并用这三张发票冲销被其侵占的公款港币××××元。

三、签订、履行合同失职被骗

××××年××月至××××年××月，被告人×××担任××市××××房地产开发有限公司董事长兼总经理期间，在与××市××××投资有限公司（以下称××××公司）合作开发××××大厦的过程中，盲目自信、不认真审查对方公司的资信情况，有否履约能力的情况下，便决定与××××公司签订合作协议。在对方投资未按合同兑现及工程基础尚未完成的情况下，将已加盖公章的××本预收款收据交给××××公司，且未能有效监管售楼情况，导致售楼款××××元被张××骗走。同时，被告人×××……

认定上述犯罪事实的证据如下：

…………

本院认为，被告人×××身为国有企业工作人员和受委托从事公务的国家工作人员，利用职务便利，收受贿赂，且以非法占有为目的，侵吞公款；在代表国有企业签订、履行合同过程中，严重不负责任以致被骗，致使国家利益遭受特别重大损失，其行为触犯了《中华人民共和国刑法》第××××条、第××××条、第××××条、第××××条之规定，已构成××××罪、××××罪、××××罪。根据《中华人民共和国刑法》第××××条之规定，对被告人×××数罪并罚。被告人×××能够自首交代其犯罪事实，有悔罪表现，根据《中华人民共和国刑法》第××××条之规定，可以从轻或者减轻处罚。为严肃国家法律，保护国有财产不受侵犯，维护国家机关正常工作秩序，保障社会主义现代化建设事业的顺利进行，依照《中华人民共和国刑事诉讼法》第××××条之规定，特提起公诉，请依法判处。

此致

××省××市中级人民法院

检察官：×××

检察官助理：×××

××××年××月××日

（院印）

附：（略）

3.2　不起诉决定书

不起诉决定书，是人民检察院对于依法不需要追究刑事责任的，或者证据不足、不符合起诉条件的，或者犯罪情节轻微、依照《中华人民共和国刑法》的规定不需要判处刑罚或者免除刑罚的案件，决定不向人民法院提起公诉而自行终止诉讼程序时所制作的法律文书。

不起诉决定书是人民检察院代表国家作出的认定无罪或不追究刑事责任决定的凭证，因而具有终止本案刑事诉讼的法律效力。正因为不起诉决定书具有终止刑事诉讼的法律效力，因而能够相对地减少人民法院审判的工作量，有利于提高人民法院的办案质量。另外，不起诉决定书还具有保证无罪的人不受追诉，确保公民合法权益不受侵犯的作用。

3.2.1　格式写法

不起诉决定书一般由首部、正文和尾部三部分组成。

1．首部

首部包括制作机关名称、文书名称、文书编号。

制作机关名称，即制作文书的人民检察院的名称，除最高人民检察院制作的起诉书以外，地方各级人民检察院的名称前均应写明所在省、自治区、直辖市的名称。

文书名称，即“不起诉决定书”。

文书编号，由制作文书的人民检察院的简称、具体办案部门简称、制作年份和文书序号组成，如“× 检 × 刑不诉字〔××××〕第 ×× 号”。

附条件不起诉决定书的文书名称应写为“附条件不起诉决定书”，编号中的案件性质写“附不诉”。

2. 正文

正文应包括以下内容：

（1）被不起诉人的基本情况。应逐一写明被不起诉人的姓名、性别、出生日期、身份证号码、民族、文化程度、职业、工作单位及职务、住址、是否受过行政处罚或刑事处罚，采取强制措施的种类、时间、决定机关等。如果被不起诉的是单位，则应写明单位名称、住所地等，并以“被不起诉单位”代替“被不起诉人”。

（2）辩护人的基本情况。应写明辩护人的姓名、单位和通信地址。

（3）案由和案件来源。案由，应当写移送审查起诉时或者侦查终结时认定的行为性质，而不是审查起诉部门认定的行为性质。案件来源，包括侦查机关移送、本院侦查终结、其他人民检察院移送等情况。此外，还应当写明移送审查起诉的时间和退回补充侦查的情况（包括退回补充侦查日期、次数和再次移送日期）；同时写明本院受理日期。

对于侦查机关移送的案件，一般表述为：“本案由 ××××（侦查机关）侦查终结，以被不起诉人 ××× 涉嫌 ×××× 罪，于 ×××× 年 ×× 月 ×× 日移送本院审查起诉。”

对于检察机关自侦案件，则表述为：“被不起诉人 ××× 涉嫌 ×××× 一案，由本院侦查终结，于 ×××× 年 ×× 月 ×× 日移送审查起诉（或不起诉）。”

对于其他人民检察院移送的案件，则应当将指定管辖、移送单位及移送时间等情况写明。

（4）案件事实情况。此部分包括否定或者指控被不起诉人构成犯罪的事实及作为不起诉决定根据的事实；应当根据不起诉的性质、内容和特点，对案件具体情况进行有侧重点的叙述。

对于侦查机关认为已经构成犯罪而移送审查起诉，检察机关经审查认为该行为情节显著轻微、危害不大，不认为是犯罪而决定不起诉的，应先概述侦查机关起诉意见书中认定的犯罪事实，然后叙述检察机关经审查认定的事实及相应证据，其中，应重点反映显著轻微的情节和危害较小的后果。

对于被不起诉人的行为已经构成犯罪，本应追究刑事责任，但在检察机关审查起诉过程中出现了以下情形：情节显著轻微、危害不大，不认为是犯罪的；犯罪已过追诉时效期限的；经特赦令免除刑罚的；依照《中华人民共和国刑法》告诉才处理的犯罪，没有告诉或者撤回告诉的；犯罪嫌疑人、被告人死亡的；其他法律规定免予追究刑事责任的。出现以上情形因而决定不起诉的，应当重点写明符合法定不追究刑事责任的事实和证据，充分反映法律规定的内容。

对于情节轻微、依照《中华人民共和国刑法》的规定不需要判处刑罚的，应重点写明被不起诉人具有法定情节，以及检察机关酌情作出不起诉决定的具体理由的事实。

对于经补充侦查的案件，检察机关仍然认为证据不足、不符合起诉条件的，应重点写明根据本案证据不足以认定侦查机关所认定的犯罪指控的情况。

（5）不起诉的理由、法律依据和决定事项。此部分应首先分析被不起诉人的行为性质及对自己行为的认识态度，说明其不构成犯罪或者犯罪情节轻微不需判处刑罚，然后根据分析分别引用有关法律，最后写明不起诉决定。

（6）告知事项。本部分专门规定了对被不起诉人和被害人权利告知的事项。告知被不起诉人如果不服不起诉决定，可自收到本决定书后七日内向本院申诉。告知被害人如果不服不起诉决定，可自收到本决定书后七日内向上一级人民检察院申诉，请求提起公诉；被害人也可不经申诉，直接向人民法院起诉。

3. 尾部

尾部应注明作出不起诉决定的人民检察院的名称并加盖院印，同时注明发文日期。

3.2.2　写作注意事项

不起诉决定书分为正本和副本。其中，正本一份归入正卷，副本送达被不起诉人、辩护人及其所在单位，被害人或者其近亲属及其诉讼代理人，以及侦查机关。

在制作不起诉决定书时，层次要分明，表述要清楚。

制作不起诉决定书，适用法律要准确；所引用的法律应当写全称；所引用的法律条款要用汉字将条、款、项写全。

3.2.3 范文示例

××市××××人民检察院

不起诉决定书

×检×刑不诉字〔××××〕第××号

被不起诉人×××，男，××岁，××××年××月××日出生，××省××县人，汉族，××文化程度，××××厂工人，住××市××区××××街××号，身份证号码××××。××××年××月××日，因涉嫌盗窃，被××××公安局逮捕。

辩护人×××，××××律师事务所律师，通信地址××××。

被不起诉人×××涉嫌盗窃一案，于××××年××月××日，由××××公安局侦查终结向本院移送起诉。……经本院依法审查查明：

××××年××月××日下午，×××在××××施工现场工作时，注意到工厂角落里有一些建筑材料，遂起贪念。当晚××时许，乘着看守工地的人看电视之际，×××翻入工地，来到白天发现的建筑材料的堆放地，将××根方木运至工地的墙边，随后×××翻坐在墙头上，逐次将××根方木搬出墙外。

随后，×××从工地翻出，将方木抬放在事先停放在围墙边的平板车上。准备逃走之际，被巡逻的警察发现。所盗方木价值××××元人民币，案发后赃物已缴回并返还给被害人。

本院认为，被不起诉人×××盗窃建筑材料的行为，情节轻微，危害不大，不认为是犯罪，依据《中华人民共和国刑事诉讼法》第××××条第××款和第××××条第××款的规定，决定对×××不起诉。

被不起诉人×××如果不服不起诉决定，可以自收到本决定书后七日内向××××人民检察院申诉。被害人如果不服不起诉决定，可以自收到本决定书后七日内向上一级人民检察院申诉，请求提起公诉。被害人也可以不经申诉，直接向××××人民法院起诉。

××××人民检察院
××××年××月××日
（院印）

3.3 公诉意见书

人民法院审理公诉案件时，人民检察院应派员出庭支持公诉。为了确保公诉质量，公诉人在出庭之前，应当制作公诉意见书。

公诉意见书，也称公诉词，是指出庭支持公诉的检察人员，在法庭辩论开始时，就案件事实、证据和适用法律等情况集中发表意见而制作的法律文书。

公诉意见书的重要性仅次于起诉书。它是在起诉书指控内容的基础上，全面揭露被告人的犯罪事实，证实被告人的犯罪行为，分析犯罪行为的性质、后果和对社会的危害，阐明为什么追究被告人的刑事责任。其目的是对人民检察院提起的起诉进行补充和阐发，进一步从事实上、证据上、法律上揭露被告人的犯罪行为。

3.3.1 格式写法

公诉意见书一般由首部、正文和尾部三部分组成。

1. 首部

首部包括制作机关名称和文书名称。

制作机关名称，即制作文书的人民检察院的名称。

文书名称，即“公诉意见书”。

由于公诉意见书用于法庭上当场宣读，所以不必有文书编号。

2. 正文

正文包括案件有关情况、抬头、出庭任务和法律依据、具体意见、总结性意见。

（1）案件有关情况。这部分内容包括被告人姓名、案由、起诉书编号。先写被告人姓名，被告人为单位的，应写单位名称；案由，即起诉书认定的涉嫌罪名。此三项内容不必宣读。

（2）抬头。根据合议庭组成人员情况书写，或写为“审判长、审判员”，或写为“审判长、人民陪审员”，或写为“审判长、审判员、人民陪审员”。

（3）出庭任务和法律依据。这部分应写明公诉人根据哪些法律规定、受何单位指派、以何种身份出庭、出庭的任务是什么。

这部分一般表述为：“根据《中华人民共和国刑事诉讼法》第××××条、第××××条、第××××条和第××××条的规定，我（们）受××××人民检察院的指派，代表本院，以国家公诉人的身份，出席法庭支持公诉，并依法对刑事诉讼活动进行法律监督。现对本案证据和案件情况发表如下意见，请法庭注意。”

（4）具体意见。此部分为公诉意见书的核心，应当针对不同的案情发表意见。一般从三个方面展开论证：一是要根据法庭调查的情况，概述法庭质证的情况、各证据的证明作用，并运用各证据之间的逻辑关系证明被告人的犯罪事实清楚，证据确实充分；二是要根据被告人的犯罪事实，论证应适用的法律条款，并提出定罪及从重、从轻、减轻处罚等意见；三是要根据庭审情况，在揭露被告人犯罪行为的社会危害性的基础上，做一些必要的法制宣传和教育工作。

（5）总结性意见。主要是对公诉意见的总结，并就如何处罚被告人向法庭提出意见和要求。一般第一审案件的公诉意见书表述为：“综上所述，起诉书认定的被告人×××有罪，并应从重（或者从轻、减轻）处罚。”第二审案件的公诉意见书表述为：“以上对被告人×××的第一审判决是否正确，被告人×××上诉是否有理，阐明了我们的意见，供第二审法庭合议时考虑。”

3. 尾部

尾部包括公诉人的姓名、公诉日期，并在日期后注明“当庭发表”字样。

3.3.2 写作注意事项

在拟制公诉意见书时，态度要鲜明，观点要明确，使人听后能明白公诉人的主要意图是什么。

在拟制公诉意见书时，分析证据要客观、全面。

在拟制公诉意见书时，应突出重点，繁简得当，即抓住不同类型案件的特点，有针对性地分析，阐明道理。

3.3.3　范文示例

××市××区人民检察院

公诉意见书

被告人：×××

案由：故意伤害

起诉书号：××检刑诉〔××××〕第××号

审判长、审判员：

依照《中华人民共和国刑事诉讼法》第××××条之规定，我接受检察长指派，以国家公诉人的身份出席法庭，对被告人×××抢劫一案支持公诉，并依法履行法律监督职责。

通过法庭调查，依据《中华人民共和国刑事诉讼法》第××××条、第××××条、第××××条、第××××条之规定，公诉人所出示的物证经过当庭辨认，宣读的被害人陈述经过当庭质证，充分的事实和有力的证据证实，本院起诉书所指控的被告人×××的犯罪，事实清楚，证据确实、充分，且得到了被告人当庭供述的印证。对被告人×××构成抢劫罪的法律依据和所造成的社会危害，发表如下公诉意见：

一、被告人×××的行为构成抢劫罪。

根据《中华人民共和国刑法》第××××条的规定，以暴力、威胁或者其他方法抢劫公私财物的，属于抢劫罪。其本质特征，是以非法占有为目的，使用暴力、威胁或者其他方法，强行劫取公私财物，或者迫使被害人立即交出财物的行为。它不仅侵犯了公私财产所有权，同时也侵犯了被害人的人身权利。

二、本案被告人×××抢劫罪的主观故意是明确的，以非法占有的目的也是确定的。

其一，抢劫行为完全是有预谋的。被告人 ××× 因没有收入而无法生活。其二，被告人 ××× 为实施犯罪做了精心准备。被告人 ××× 找了警服，企图以警察的特殊身份，迫使他人交出财物，占有他人财物，并实施了抢劫行为，非法占有目的明确。×××× 年 ×× 月 ×× 日晚 ×× 时 ×× 分许，被告人 ××× 自带警服，冒充公安人员在岔路口佯装执行公务，将一青年张 ×× 拦截后，以检查身份证为名要过张 ×× 的背包，企图占有包内财物。当张 ×× 识破被告人的骗局，要回自己背包时，××× 便以暴力推倒被害人张 ××，被告人 ××× 之后夺路而逃，将张 ×× 的背包及包内财物共计价值 ×××× 元的手机、首饰、金钱等非法占有。

三、被告人 ××× 犯罪过程中使用暴力的客观行为。

被告人 ××× 利用警察的特殊身份，迫使被害人张 ×× 不敢违抗，交出财物进行检查，而后又使用暴力推倒被害人张 ××，非法占有了张 ×× 的财物。

综上所述，根据主客观相一致的原则，被告人 ××× 抢劫犯罪主观故意明确、客观行为清楚，已构成抢劫罪。公诉人需要强调的是，根据《中华人民共和国刑法》第 ×××× 条的规定，冒充军警人员抢劫的，属于抢劫犯罪的从重情节，应当处以十年以上有期徒刑、无期徒刑或者死刑。请合议庭量刑时考虑。

以上意见，请合议庭考虑并给予被告人应有的刑罚。

公诉人：×××

×××× 年 ×× 月 ×× 日当庭发表

3.4 刑事抗诉书

人民检察院是国家的法律监督机关，对国家机关适用法律和公民遵守法律的情况进行法律监督。人民检察院发现人民法院的判决或裁定确有错误时，应当依法提出抗诉，要求上一级人民法院予以纠正。

人民检察院提出抗诉时必须制作抗诉书。

按照诉讼种类的不同，抗诉书可分为刑事抗诉书、民事抗诉书和行政抗诉书。

刑事抗诉书，是指人民检察院在认为人民法院的刑事判决或裁定确有错误时，依法提起抗诉时制作的法律文书。刑事抗诉书分为第二审程序抗诉书和审判监督程序抗诉书；民事诉讼和行政诉讼只有审判监督程序抗诉书。

第二审程序抗诉书是地方各级人民检察院认为本级人民法院第一审判决或裁定确有错误，在法定期限内向上一级人民法院提出抗诉时所制作的抗诉书；审判监督程序抗诉书是最高人民检察院对各级人民法院已经发生法律效力的判决或裁定、上级人民检察院对下级人民法院已经发生法律效力的判决或裁定确有错误，向同级人民法院提出抗诉时制作的抗诉书。

3.4.1　格式写法

刑事抗诉书一般由首部、正文和尾部三部分组成。第二审程序抗诉书和审判监督程序抗诉书的首部、尾部内容基本相同，正文部分的内容和写法略有不同。

1．首部

首部包括制作机关名称、文书名称和文书编号。

制作机关名称，即制作文书的人民检察院名称。地方各级人民检察院的名称前均应写明所在省、自治区、直辖市的名称。

文书名称，即“刑事抗诉书”。

文书编号，由提出抗诉的人民检察院的简称、具体办案部门的简称、制作年份和文书序号构成，如“×× 检刑抗〔××××〕第 ×× 号”。

2．正文

（1）第二审程序抗诉书的正文部分包括以下内容：

第一部分，原审裁判情况。这部分写作应注意以下三点：一是不写被告人的基本情况。二是写案由时，如果人民检察院和人民法院认定罪名不一致时，应该分别表述。三是如果侦查、起诉、审判阶段没有超时限等程序违法现象时，不必写明公安机关、检察机关与法院的办案经过，只简要写明法院判决或裁定的结果。通常表述为：“××× 人民法院以 ×× 号刑事判决书（裁定书）对被告人 ×××（姓名）××××（案由）一案判决（裁定）……”

第二部分，审查意见。这部分应写明检察机关对原判决（裁定）的审查意见，目的是明确指出原判决（裁定）的错误所在，告知第二审人民法院，检察机关抗诉的重点是什么。这部分要观点鲜明，简明扼要。通常表述为："本院依法审查后认为（如果是被害人及其法定代理人不服地方各级人民法院第一审判决而请求人民检察院抗诉的，应当写明这一程序，然后再写'本院依法审查后认为……'），该判决（裁定）确有错误（包括认定事实错误、适用法律错误、审判程序严重违法），理由如下：……"

第三部分，抗诉理由。这部分是写作的重点，应根据具体案件的情况，即或认定事实错误，或适用法律不当，或审判程序违法，阐述抗诉理由。

如果法院认定的事实有误，则要针对原审裁判的错误之处，提出纠正意见，强调抗诉的针对性。对于有多起犯罪事实的抗诉案件，只叙述原判决（裁定）认定事实不当的部分，认定没有错误的，可以只肯定一句"对……事实的认定无异议"即可。突出检察机关、法院争议的重点，体现抗诉的针对性。对于共同犯罪案件，也可以进行类似的处理，即只对原判决（裁定）漏定或错定的部分被告人犯罪事实进行重点叙述，对其他被告人的犯罪事实可简写或者不写。关于"证据部分"，应该在论述事实时有针对性地列举证据，说明证据的内容要点及其与犯罪事实的联系。刑事抗诉书中不能追诉起诉书中没有指控的犯罪事实。如有自首、立功等情节，应在抗诉书中予以论述。

如果法院的适用法律不当，认定性质和定罪、量刑不当的，要针对犯罪行为的本质特征，论述应该如何认定行为性质，从而找到正确的适用法律；要从引用罪状、量刑情节等方面分别论述。

如果法院审判程序严重违法，应先根据刑事诉讼法及有关司法解释，逐个论述原审法院违反法定诉讼程序的事实表现，再写明影响公正判决的现实或可能性，最后阐述法律规定的正确诉讼程序。

抗诉理由部分常见的写作方法有三种：其一，分段列举法，即依抗诉理由的不同列出序号，表明观点，分段反驳；适用于抗诉论点较多的案件。其二，分人反驳法，即根据不同被告人各自的犯罪事实，分段论证抗诉理由；适用于对共同犯罪案件的抗诉。其三，综合分析法，即将抗诉理由分层次集中在一个段落里加以阐述；适用于抗诉理由集中、论点较少的案件。

第四部分，结论性意见、法律根据、决定和请求事项。结论性意见，即综合概括抗诉理由；法律根据，即写明论证原裁判错误、抗诉理由正确的法律依据；决定和请求事项，即惯用语"特提出抗诉，请依法判决"。通常表述为：“综上所述……（概括抗诉理由），为维护司法公正，准确惩治犯罪，依照《中华人民共和国刑事诉讼法》第 ×××× 条的规定，特提出抗诉，请依法判决。”

（2）审判监督程序抗诉书的正文部分包括以下内容：

第一部分，原审被告人的基本情况。应依次写出原审被告人的姓名、性别、出生日期、身份证号码、民族、出生地、职业、工作单位及职务、住址、服刑情况、刑满释放或者假释的具体日期等信息。有多名被告人的，依犯罪事实情节按从重到轻的顺序分别列出。

第二部分，诉讼过程、生效判决或裁定的情况。如果是第一审生效的判决或裁定，不仅要写明第一审判决或裁定的主要内容，还要写明第一审判决或裁定的生效时间。如果是第二审生效的判决或裁定，应当分别写明第一审和第二审判决或裁定的主要内容，此外，还应当写明提起审判监督程序抗诉的原因。通常表述为：“×××× 人民法院以 ××× 号刑事判决书（裁定书）对被告人 ×××（姓名）××××（案由）一案判决（裁定）……（写明生效的第一审判决、裁定或者第一审及第二审判决、裁定的情况）。经依法审查（如果是被告人及其法定代理人不服地方各级人民法院的生效判决、裁定而请求人民检察院提出抗诉的，或者有关人民检察院提请抗诉的，应当写明这一程序，然后再写‘经依法审查’），本案的事实如下：”

第三部分，对生效判决（裁定）的审查意见（含事实认定）。这部分应概括叙述检察机关认定的事实、情节。要根据具体案件事实、证据情况，围绕刑法规定该罪构成要件，特别是争议问题，简明扼要地叙述案件事实、情节。一般应当具备时间、地点、动机、目的、关键行为情节、数额、危害结果、作案后表现等有关定罪量刑的事实、情节要素。一案有数罪、各罪有数次作案的，应当依由重至轻或者时间顺序叙述。审查意见部分是对生效原判决的审查意见，要明确指出原裁判的错误所在，告知再审法院检察机关抗诉的重点是什么，因此在叙述时应当观点鲜明、语言精练。通常可表述为：“本院认为，该判决（裁定）确有错误（包括认定事实有误、适用法律不当、审判程序严重违法），理由如下：”

第四部分，抗诉理由。要根据案件具体情况，即针对事实认定错误、法律适用错误或者审判程序严重违法等不同情况，论证检察机关抗诉意见的正确性。具体写法和要求与第二审程序适用的刑事抗诉书的“抗诉理由”部分相同。

第五部分，结论性意见、法律根据、决定和请求事项。结论性意见应当简洁、明确。在请求事项部分，应写明“特提出抗诉，请依法判处”。通常表述为：“综上所述……（概括抗诉理由），为维护司法公正，准确惩治犯罪，依照《中华人民共和国刑事诉讼法》第××××条第××款的规定，对××××人民法院××××号刑事判决（裁定）书，提出抗诉，请依法判处。”

3. 尾部

尾部包括文书的致送机关名称、落款和附项。

（1）文书的致送机关名称，第二审程序抗诉书的致送机关为上一级人民法院；审判监督程序抗诉书的致送机关为同级人民法院。通常表述为：“此致”“××××人民法院”。

（2）落款，即签署制作文书的人民检察院的名称及院印、文书的制作日期。

（3）附项，包括被告人现羁押场所或居住处所、新的证人名单或者证据目录等。

3.4.2 写作注意事项

刑事抗诉书的制作分为第二审程序抗诉书和审判监督程序抗诉书两种格式，二者在内容结构、制作要求和法律依据等方面略有不同，不可混同使用。

刑事抗诉书以案件数或被告人数为单位制作。正本送达主送的人民法院，副本送达原审被告人及其辩护人。在司法实践中，第二审程序适用的刑事抗诉书应当在第一审法院判决或裁定生效前的法定期间内，将文书的正本和副本一并送达原审人民法院，由原审人民法院分别送达上一级人民法院和被告人及其辩护人；审判监督程序适用的刑事抗诉书，由制作文书的人民检察院将文书的正本和副本一并送达同级人民法院，此外，还应抄送给原提起公诉和提请抗诉的下一级人民检察院。

在写作刑事抗诉书的抗诉理由时要注意三点：第一，抗诉理由要有针对性，即做到有的放矢，切中要害；第二，抗诉理由的阐述要做到抗之有理、诉之有据，切忌笼统或含糊其词；第三，抗诉理由要论证有力、合乎逻辑，要有条理。

3.4.3　范文示例

××××人民检察院

刑事抗诉书

××检刑抗〔××××〕第××号

原审被告人李××，男，××岁，生于××××年××月××日，汉族，××省××市人，××××银行××××支行原行长，住××市××街××号。

被告人李××贪污、挪用公款案，××××人民检察院于××××年××月××日向××市中级人民法院提起公诉，××市中级人民法院认为被告人李××将炒卖外汇利润××××元据为己有证据不足，不能认定，于××××年××月××日以××刑初字〔××××〕第××号判决书判被告人李××无罪。××××人民检察院认为一审判决认定的事实有误，适用法律不当，向××省高级人民法院提出抗诉。××省高级人民法院认为，被告人李××将炒卖外汇剩余款用于购买轿车一事属实，但炒卖外汇活动没有终结，认定李××非法占有利润款没有事实根据，于××××年××月××日以××刑终字〔××××〕第××号刑事裁定书，驳回抗诉，维持原判。××××人民检察院认为，××省高级人民法院的终审裁定确有错误，提请我院按判决监督程序抗诉。经依法审查，本案的事实如下：

××××年××月至××月，李××任××××银行××××支行行长，主管下属企业××××公司炒卖外汇业务。李××卖出外汇后，获利××××美元。××××年××月，李××利用事实上已解体的××××公司账号，将买美元的本金××××元转回××××公司账户，又于××月××日交给××××公司总经理赵××卖外汇的利润××××元，共××××美元，不交××××公司做账，个人非法占有。××××年××月××日，李××用其中的×××××美元为自己在××区开办的××××公司购买××××牌轿车一台。

被告人李××上述犯罪事实清楚，证据确实、充分，足以认定。

本院认为，被告人李××侵吞公款，严重地侵犯了国家财产权利，其行为已触犯《中华人民共和国刑法》第××××条的规定，构成贪污罪，因此

××省高级人民法院的裁定的确存在定性错误。

一、李××的炒卖外汇活动已经终结。李××向××××公司隐瞒了获利××××美元的事实。炒卖美元是××××公司的经营活动，该公司账面明确记载，××××公司共计支出购外汇款××××元，于××××年××月收回购汇本金××××元，××月收到炒汇利润××××元，并对此项业务做了决算。被告人李××交给公司××××元时讲，这次炒卖美元……

二、李××用赃款的大部分为自己开办的××××公司购车，进一步证明了李××将公款非法占为己有……

综上所述，被告人李××利用担任××××银行××××支行行长的职务之便，采取收入不上账的手段，非法占有公款，其行为已构成贪污罪。为了严肃国法，严厉惩治经济犯罪，保证国家财产不受侵犯，特依照《中华人民共和国刑事诉讼法》第××××条第××款之规定，特提出抗诉，请依法判处。

此致

××××人民法院

××××人民检察院

××××年××月××日（院印）

附：（略）

第4章 人民法院法律文书

人民法院法律文书，是指各级人民法院依照法律规定的诉讼程序，在审理民事、刑事和行政案件的过程中，就案件的实体问题和程序问题所制作的具有法律效力或法律意义的文书。

制作人民法院法律文书是人民法院审判业务活动的一项重要内容。人民法院法律文书，是各级人民法院处理案件、进行审判活动的文字记录和凭证，是其实施国家法律的重要手段。

4.1 案件审理报告

案件审理报告，是独任审判员或者合议庭在评议案件之后，报送院领导审核案件或者审判委员会讨论决定案件的综合性书面材料。它是在案件审理完毕之后，对前一段诉讼活动、审理过程、案情全貌做出的全面总结，并对案件的事实认定、定性处理提出意见。

案件审理报告，既是案件在判处以前报送领导审核、审判委员会讨论决定案件和制作裁判文书的基础，也是日后检查案件质量，总结审判工作经验教训的重要根据。

案件审理报告是制作判决书的重要依据，是坚持案件审批制度的重要环节，是提高办案质量的重要保证。

依据案件性质和程序划分，案件审理报告可以分为刑事案件审理报告、民事案件审理报告和行政案件审理报告。

4.1.1　格式写法

案件审理报告一般由首部、正文和尾部三部分组成。下面以第一审刑事案件审理报告为例，介绍审理报告的格式写法。

1. 首部

首部包括标题和案号。

案件审理报告的标题要特定化，即公诉案件应写明被告人的姓名和案由，自诉案件应写明双方当事人的姓名和案由等。标题既不能简化为“审理报告”或者“案件审理报告”，也不能写成“审结报告”，应写成“关于××××（被告人姓名和案由）一案的审理报告”。

案号，由立案年度、制作机关名称、案件性质、审判程序代字、案件顺序号组成，如“（××××）× 刑初字第 ×× 号”。

2. 正文

正文包括以下内容：

（1）控辩双方和其他诉讼参与人的基本情况。这部分主要包括公诉机关、被害人、自诉人、附带民事诉讼原告人、委托（或者法定、指定）代理人、被告人和辩护人。

被害人的基本情况，应写明姓名、性别、出生日期、民族、出生地、文化程度、职业、工作单位及职务、住址，与被告人的关系和受害情况等。

自诉人的基本情况，应写明姓名、性别、出生日期、民族、出生地、文化程度、职业、工作单位及职务、住址等。

附带民事诉讼原告人的基本情况，应写明姓名、性别、出生日期、民族、出生地、文化程度、职业、工作单位及职务、住址等。

委托（或者法定、指定）代理人的基本情况，应写明姓名、性别、职业、工作单位及职务、住址以及与被代理人的关系等。此项是指被害人、自诉人、附带民事诉讼原告人的委托代理人和未成年当事人的法定代理人或者指定代理人。有此项的，应列在被代理人之后另起一行续写。

被告人的基本情况，首先写明姓名、性别、出生日期、民族、出生地、文化程度、党派、职业、工作单位及职务、住址，因本案被拘留、逮捕或者被采取其他强制措施的时间和情况，现羁押处所；其次写明何时、何地、何故受过何种处罚，包括劳动教养、行政拘留、犯罪判刑或者免刑以及是否累犯等情况；再次写明被告人的家庭情况，如有亲属侨居外国或者在台、港、澳的，亦应写明其情况。

辩护人的基本情况，应写明姓名、工作单位和职务。

如果被告人和其他诉讼参与人有多人的，应在其相关项目之后增项续写。

（2）案件的由来和审理经过。这部分内容应如实反映案件由起诉到审理的合法程序，写明案件的提起是公诉还是自诉；具体包括诉讼的提起、审判组织、审理方式、出庭参加诉讼的人员。通常表述为：“被告人×××××××（写明其姓名和案由）一案，由××××人民检察院于××××年××月××日以×检×诉〔××××〕第××号起诉书，向本院提起公诉（自诉案件则表述为：‘自诉人×××以被告人×××犯××××罪一案，于××××年××月××日向本院提起控诉。’）。”“本院审查后，认为符合法定开庭条件，决定开庭审判，依法组成合议庭（独任审判的案件则表述为：‘依法由审判员×××独任审判’），于××××年××月××日公开（或者不公开）开庭审理了本案。××××人民检察院检察长（或者检察员）×××出庭支持公诉（自诉案件则表述为：‘自诉人×××’），被害人×××及其诉讼代理人×××，被告人×××及其辩护人×××，鉴定人×××、翻译人员×××等到庭参加诉讼（没有到庭参加诉讼的不写）。现已审理终结。”

（3）案件的侦破、揭发情况。这部分应简要写明案件的发生、揭发或者侦查、破获过程的情况，包括时间、地点和方式方法以及所涉及的主要人员等。有曲折过程、复杂情况和问题的，应详细写明。自诉案件此项从略。

（4）控辩双方的主要控辩内容。这部分应写明检察机关或者自诉人对被告人指控的罪名、犯罪事实、犯罪情节、证据、适用法律的意见、诉讼请求事项及其理由和根据。有附带民事诉讼的，应一并写明原告人所诉的主要内容，包括事实、情节、证据、诉讼请求事项及其理由和根据，等等。写明被告人及其辩护人对起诉书指控的罪名、犯罪事实和证据、犯罪情节的供认情况，辩解内容、辩护意见和有关证据。被告人的口供有反复的，应一并写明。自诉案件中被告人提出反诉并已依法受理的，应同时写明反诉的内容，包括犯罪事实、犯罪情节、证据、诉讼请求事项及其理由和根据；被反诉人有答辩的，也应一并写明答辩的内容，包括主要意见、理由和证据，等等。对被告人提出的反诉未予受理的，也应简要写明反诉的内容，并具体写明不予受理的理由和法律依据。

（5）审理查明的事实和证据。这部分应写明经法庭审理查证后所认定的事实和具体证据。犯罪事实应包括作案的时间、地点、动机、目的、实施过程、犯罪情节、危害后果，以及被告人作案后的表现等。证据应是经过庭审查证属实的。证据要具体列举，并用括号注明其系控方举证还是辩方提供、所在的卷宗页次或者出处。对据以认定犯罪事实的有关物证、书证、证人证言、被害人陈述、勘验或者检查笔录、鉴定结论、视听资料、同案人供述和被告人供述、辩解等证据及其与本案的联系，进行分析论证；证据之间有矛盾的，要在控辩双方举证、质证的基础上进行实事求是的分析认证；对不真实的或者不能采用的证据和不能认定的事实和情节，应当做出有根据有分析的说明，尤其有争议的事实和证据，更要重点分析论证。

（6）需要说明的问题。一般是属于涉及认定犯罪事实、犯罪情节、证据和定罪量刑而又不宜写入裁判文书的事实、理由等部分的问题，以及其他对案件的审判有影响的问题等。根据具体案件的实际情况，有什么需要说明的问题，就写明什么问题。例如，侦查中使用了不正当手段的；预审中有诱供逼供的，有伪证、假证的；被告人或者诉讼参与人的亲属有妨碍侦查、预审、审判活动的非法行为的；执行法定的预审、起诉和审判程序上有不合法之处的；开庭审理中出现不正常情况的；发现未起诉的漏罪、漏犯的；被告人检举揭发他人的罪行，提供他人犯罪的重要线索的；有较大争论而又难以认定或者否定的事实、情节的；有关方面对本案的意见；等等，都应当把问题的情况和意见如实地写明。案件本身若没有什么问题需要说明的，此项可不写。

（7）处理意见和理由。这部分内容实际上就是判决书中的理由和判决。要根据法庭核实的证据和查明的事实与情节，依照有关法律、法规和司法解释等规定，运用有关法学理论，首先写明对控辩双方不同的意见及其理由的分析评论，哪些正确应予采纳，哪些不正确不予采纳；其次写明对被告人行为的性质、情节、社会危害性大小，定罪的证据是否充分，能否认定被告人有罪，构成何种罪的分析论述，一案多名被告人的应当分别论述清楚；最后写明被告人是否应当负刑事责任及其责任的大小，有无法定从轻、减轻或者从重的情节和其他可以从宽、从严的情节，在法定量刑幅度的基础上应判处什么刑罚，是否应当免予刑事处分，或者应当宣告无罪。有附带民事诉讼的，要一并写明对被告人是否应当承担赔偿经济损失和赔偿多少的处理意见。在提出处理实体问题的具体意见时，应当写明所适用的法律和司法解释规定的具体条款。需要提出司法建议的，应当写出具体内容和哪个单位提出建议等。

3. 尾部

由审理本案的独任审判员或者合议庭成员署名，并注明发文日期。

4.1.2　写作注意事项

案件审理报告是不公开的内部文书，应归入副卷，并注意保密。

4.1.3　范文示例

关于王 ×× 诈骗一案的审理报告

（××××）× 刑初字第 ×× 号

一、控辩双方和其他诉讼参与人的基本情况

公诉机关：×× 区人民检察院

被告人的基本情况：王 ××，男，×××× 年 ×× 月 ×× 日出生，汉族，×× 文化，住 ×× 区 ×× 镇 ×× 村，×××× 年 ×× 月 ×× 日因犯诈骗罪被逮捕，现押于 ×× 市 ×× 区看守所。

…………

二、案件的由来和审理经过

被告人王 ×× 诈骗一案，由 ×× 区人民检察院于 ×××× 年 ×× 月 ×× 日以 ×× 检刑诉字〔××××〕第 ×× 号起诉书，向本院提起公诉。本院审查受理后，依法组成合议庭，由审判员孙 ×× 担任审判长并主审本案，人民陪审员冯 ××、刘 ×× 参加评议，于 ×××× 年 ×× 月 ×× 日公开开庭审理了本案。×× 区人民检察院代理检察员于 ×× 出庭支持公诉，被告人王 ×× 到庭参加诉讼。本案现已审理完毕。

三、案件的侦破、揭发情况

…………

四、指控和辩解的主要内容

…………

五、审理查明的事实和证据

…………

六、需要说明的问题

…………

七、处理意见和理由

主审人认为……

合议庭：孙××　冯××　刘××　于××

××××年××月××日

（院印）

4.2　第一审刑事判决书

人民法院对于所受理的刑事案件，依照第一审程序审理终结，根据查明的事实和证据，依法作出的书面处理决定，称为第一审刑事判决书。

第一审刑事判决书是第一审人民法院行使审判权的具体体现，其制作意味着第一审刑事审判程序的终结。

按照判决是否确定被告人有罪，第一审刑事判决书又分为两大类：第一审有罪判决书和第一审无罪判决书。在审判实践中，用得最多的是有罪判决书，所以本节只介绍第一审刑事有罪判决书的相关内容。

4.2.1　格式写法

第一审刑事判决书由首部、正文和尾部三部分组成。

1. 首部

首部包括制作机关名称、文书名称和案号。

制作机关名称，即“×××× 人民法院”，各级地方法院前应加上省、自治区或直辖市的名称；当牵扯涉外案件时，各级法院均应加上我国国名。

文书名称，根据案件性质，分别为“刑事判决书”“刑事附带民事判决书”等。

制作机关名称和文书名称应分行居中书写。

案号，由立案年度、制作机关、案件性质、审判程序的代字和案件的顺序号组成。第一审刑事判决书的案号，即“（××××）× 刑初字第 ×× 号”。案号写在标题下一行的右端，其最末一字与下面的正文右端各行看齐。案号上下各空一行。

2. 正文

正文包括以下几部分：

（1）公诉机关和诉讼参与人的基本情况。这部分又分为公诉案件和自诉案件。

如果是公诉案件，应写明公诉机关，即“公诉机关 ×××× 人民检察院”。在“公诉机关”与“×××× 检察机关”之间不用标点符号，也不用空格。

如果是自诉案件，应写明自诉人的身份事项，包括自诉人的姓名、性别、出生日期、民族、出生地、文化程度、职业、工作单位及职务、住址。自诉人有多人的，应依次列写。

在公诉人或自诉人之后，应写明被告人的姓名、性别、出生日期、民族、出生地、文化程度、职业、工作单位及职务、住址，以及因本案所受的强制措施情况、现羁押的处所等。写被告人的基本情况时，应在样式要求的基础上根据不同情况酌予增减。被告人是机关、团体、企业或者事业单位的，应写全称及其所在地址；其下列“法定代表人”或者“代表人”，即单位的主要负责人，并写明其职务；如果直接负责的主管人员和其他直接责任人员构成犯罪，且一并判决的，应续项书写他们作为“被告人”项。（一案多人的共同犯罪案件，应按主犯、从犯顺序列项书写。）

辩护人的基本情况，有以下几种表述形式：辩护人是律师的，只写姓名、工作单位和职务，即“辩护人 ×××，×××× 律师事务所律师”；辩护人是人民团体或者被告人所在单位推荐的，只写姓名、工作单位和职务；辩护人如系被告人的亲属，应写明其与被告人的关系。辩护人如果是人民法院指定的，写为“指定辩护人”。同案被告人有二人以上并各有辩护人的，分别在各被告人项的下一行列项书写辩护人的情况。

（2）案件的由来、审判组织、审判方式和审判经过。这部分应写明：案件的由来；起诉的案由；是合议庭审判还是独任审判；是依法公开审理还是不公开审理；人民检察院是否派员出庭支持公诉，如系检察长、副检察长、代理检查员出庭支持公诉的，则应分别表述为“检察长”“副检察长”“代理检察员”；被告人和辩护人、鉴定人、翻译人员是否到庭参与诉讼。出席的被告人、辩护人有多人的，可以概括写为“上列被告人和辩护人”到庭参加诉讼。对于受害明显严重的被害人及与案件的利害关系密切又是最了解案情的证人，开庭时应当依法通知到庭，写入出庭人员之内。通常表述为：“×××× 人民检察院以 ×× 检 × 诉〔××××〕第 ×× 号起诉书指控被告人 ××× 犯 ×××× 罪，于 ×××× 年 ×× 月 ×× 日向本院提起公诉。本院依法组成合议庭公开（或者不公开）开庭审理了本案。×××× 人民检察院检察长（员）××× 出庭支持公诉，被害人 ××× 及其法定代理人 ×××、诉讼代理人 ×××、被告人 ××× 及其法定代理人 ×××、辩护人 ×××、鉴定人 ×××、翻译人员 ××× 等到庭参加诉讼。现已审理终结。”

（3）案件事实。把案件事实叙述清楚是写好判决书的依据。有罪判决书的事实部分，是确认被告人的行为构成犯罪和处以刑罚的依据。这部分包括四个方面的内容：检察院指控被告人犯罪的事实；被告人的供述、辩解及辩护人的辩护要点；法院确认的犯罪事实和情节；认定这些犯罪事实的证据。

（4）判决理由。判决理由是判决书的灵魂。这部分写作由“本院认为……”引出，根据查证属实的事实、证据和法律规定，论证公诉机关指控的犯罪是否成立，被告人的行为是否构成犯罪，犯什么罪，应否从轻、减轻、免除处罚或者从重处罚。对于控辩双方关于适用法律方面的意见，应当有分析地表示是否予以采纳，并阐明理由。

在引述法律条文时一定要准确、具体、有针对性。法律依据的一般写法是：先主刑后附加刑；先分则后总则；先程序法后实体法；先定罪量刑后引从重、加重、从轻、减轻和免除处罚条文；判决结果既有主刑又有附加刑内容的，应当先引用适用主刑的条文，后引用适用附加刑的条文；是共同犯罪的，可集中引用有关的法律条文，必要时应逐人逐罪引用法律条文。既有法律规定又有司法解释规定的，应当先引用法律规定，再引用相关司法解释。

（5）判决结果。这部分是人民法院对被告人是否有罪、所犯何罪、应否处以刑罚、处以何种刑罚所作出的处理决定。制作时，要注意罪名要准确，要和理由部分保持一致，不能漏写或前后矛盾，应依序写明被告人姓名、罪名、刑种、量刑；刑种、量刑要清楚、明白、准确，表述要规范。

要定罪判刑的，通常表述为：“第一，被告人 ××× 犯 ××× 罪，判处……（写明主刑、附加刑）；第二，被告人 ×××……（写明追缴、退赔或者发还被害人、没收财物的决定，以及这些财物的名称、种类和数额）。”

（6）告知事项。告知事项包括交代上诉权、上诉期限和上诉审法院。通常表述为：“如不服本判决，可在接到判决书的第二日起十日内，通过本院或者直接向 ×××× 人民法院提出上诉。书面上诉的，应当提交上诉状正本 ×× 份，副本 ×× 份。”

如果适用《中华人民共和国刑法》第 ×××× 条第 ×× 款在法定刑以下判处刑罚的，应当在交代上诉权之后另起一行写明：“本判决依法报请最高人民法院核准后生效。”

3. 尾部

尾部包括审判人员署名、判决日期及院印、书记员署名和核对戳记。

审判人员署名在正文右下方，参加审判案件的合议庭组成人员分别署名或独任审判员署名。

在审判人员署名之后，另起一行写明作出判决的日期。当庭宣判的，应写当庭宣判的日期；定期宣判或者委托宣判的，应写签发判决书的日期。在判决日期上加盖院印。

在判决日期的下面，空一行署名“书记员 ×××”。

核对戳记，即在正本末页日期的左下方，书记员署名的左上方加盖“本件与原本核对无异”的印戳；正本中个别涂改之处，应加盖校对章。

4.2.2 写作注意事项

判决书中所认定的犯罪事实，必须是经过审理查明的客观存在的事实。即使法院认定的事实与检察院认定的事实一致，在判决书中叙述时，必须在文字上认真加以锤炼，绝不能照抄检察院的起诉书。该剪裁的剪裁，该补充的补充。叙述犯罪事实时，要写明犯罪事实的七个要素，即犯罪的时间、地点、动机、目的、手段、情节、结果。

分析论证判决理由时，首先要抓住要害，分析论证，深刻有力，言简意赅；其次要立论公正，语言中肯，以理服人；最后要据事说理，以法为据，针对谬误，适当驳斥。

对判决结果的书写必须做到与事实、理由相一致，与法律规定相适应，应当字斟句酌，认真推敲。

4.2.3 范文示例

××××人民法院

刑事判决书

（××××）×刑初字第××号

公诉机关××区人民检察院。

被告人×××，……（被告人的基本情况）

辩护人庞××、蔡××，××市××××律师事务所律师。

××区人民检察院以（××××）×刑初字第××号起诉书指控被告人×××犯交通肇事罪，于××××年××月××日向本院提起公诉。本院依法适用简易程序，实行独任审判，公开开庭审理了本案。被告人×××及其辩护人到庭参加诉讼，现已审理终结。

××区人民检察院指控：××××年××月××日××时××分许，被告人×××酒后驾驶牌号为××××的小客车沿本市××××路由南向北行驶至××××路口处，因违反交通信号灯，将骑电动自行车沿××××路由东向西直行至该路口××岁女性被害人××××撞伤倒地，导致被害人×××当场死亡。经鉴定，被告人×××血液中的酒精含量为0.96mg/mL。案发后，被告人×××拨打110报警并在现场等候民警处理，到案后如实供述了上述犯罪事实。

经××市公安局交警支队出具的《道路交通事故认定书》认定，被告人×××对该起事故负全部责任。

上述事实，被告人×××在开庭审理中无异议，并有证人×××、

×××的证言，现场照片、交通事故现场勘查笔录、道路交通事故现场图，《道路交通事故认定书》《机动车行驶证》《机动车驾驶证》《110接警登记表》……

本院认为，被告人×××违反交通运输管理法规，驾驶车辆发生重大事故，致人死亡，负事故全部责任，其行为已构成交通肇事罪，依法应予处罚。公诉机关指控罪名成立。被告人×××有自首情节，依法可以从轻处罚。被告人×××在案发后主动赔偿了被害人家属的经济损失及被司法机关取保候审期间能遵纪守法，有悔罪表现，可适用缓刑予以考验。公诉机关的量刑建议，予以采纳。依照《中华人民共和国刑法》第××××条、第××××条第××款、第××××条第××款，第××××条第××款、第××款和《最高人民法院关于处理自首和立功具体应用法律若干问题的解释》第××条之规定，判决如下：

被告人×××犯交通肇事罪，判处有期徒刑××个月，缓刑××年。

（缓刑考验期限，自判决确定之日起计算）

如不服本判决，可在接到判决书的第二日起十日内，通过本院或者直接向××市第二中级人民法院提出上诉。书面上诉的，应当提交上诉状正本一份、副本一份。

审判员：×××

××××年××月××日

（院印）

本件与原本核对无异（印戳）

书记员：×××

4.3　第二审刑事判决书

第二审刑事判决书，是指第二审人民法院根据当事人或者人民检察院对第一审人民法院作出的尚未发生法律效力的判决所提出的上诉或抗诉案件，经审理查明原判决在认定事实或者适用法律上有错误，依照第二审程序审理终结后，依法改判时制作的法律文书。

第二审刑事判决书仅适用于第二审人民法院改判的情形，按照第二审程序审理的刑事再审案件所制作的判决书不在此列。

第二审人民法院对上诉案件、抗诉案件，应当就第一审判决认定的事实是否清楚，适用法律是否正确，诉讼程序是否合法，进行全面审查，不受上诉或者抗诉范围的限制，并依法作出判决或裁定。共同犯罪案件只有部分上诉人上诉的，也应对全案进行审查，一并处理。

第二审刑事判决书能够及时有效地纠正第一审判决中发生的错误，能够有效地监督和指导下级人民法院的刑事审判工作。

4.3.1 格式写法

第二审刑事判决书由首部、正文和尾部三部分组成。

1. 首部

第二审刑事判决书的首部由标题、案号、公诉机关和诉讼参与人的基本情况组成。

（1）标题，由制作机关名称和文书名称组成。制作机关名称和文书名称应分行居中书写。

制作机关名称，即“×××× 人民法院”，各级地方法院前应加上省、自治区或直辖市的名称；当牵扯涉外案件时，各级法院均应加上我国国名。

文书名称，根据案件性质，分别为“刑事判决书”“刑事附带民事判决书”等。

（2）案号，由立案年度、制作机关、案件性质、审判程序的代字和案件的顺序号组成。第二审刑事判决书的案号，即“（××××）× 刑终字第 ×× 号”。案号写在标题下一行右端，其最末一字与下面的正文右端各行看齐。案号上下各空一行。

（3）公诉机关和诉讼参与人的基本情况。这一部分的内容要根据公诉案件和自诉案件的不同情况书写。

对于第二审公诉案件，分以下几种情况：①对于检察机关提出抗诉而原审被告人未上诉的，应按顺序写明公诉机关、原审被告人及其身份事项、辩护人；②对于检察机关、原审被告人同时提出上诉的，应按顺序写明公诉机关、上诉人（原审被告人）及其身份事项、辩护人；③对于原审被告人上诉、检察机关未提出抗诉的，应按顺序写明原公诉机关、上诉人（原审被告人）及其身份事项、辩护人。在共同犯罪案件中，原审被告人全部上诉的，按顺序写明原公诉机关、上诉人及其身份事项，有多名上诉人的，均应列项写明；个别或者部分被告人提出上诉的，将上诉人及其身份事项列在前面，没有上诉的原审被告人的身份事项列在后边。

对于第二审自诉案件，也分以下几种情况：①自诉人上诉、被告人未上诉的，应按顺序写明上诉人（原审自诉人）的身份事项、原审被告人及其身份事项；②被告人提出上诉的，应按顺序写明上诉人及其身份事项、原审自诉人及其身份事项；③双方都上诉的，应按顺序写明上诉人（原审自诉人）、上诉人（原审被告人）及其身份事项。

2. 正文

正文包括以下几部分：

（1）案件由来和审理经过。这部分主要包括案件来源、原判情况、上诉或抗诉原因、审判组织、审判方式及到庭诉讼参与人。

（2）案件事实。第二审必须对第一审判决进行全面审查，不受抗诉或上诉范围的限制。第二审刑事判决书的案件事实包括两方面内容：其一，概述原判决认定的事实、证据、 理由和判处结果，概述上诉、辩护的意见，概述人民检察院在第二审中提出的新意见；其二，写明经第二审审理查明的事实，写明第二审据以定案的证据，针对上诉理由中与原判认定的事实、证据有异议的问题进行分析、认证。

（3）判决理由。在“本院认为，”引语之后，根据第二审查明的事实、证据和有关法律规定，论证原审法院判决认定的事实、证据和适用法律是否正确。对于上诉人、辩护人或者出庭履行职务的检察人员等在适用法律、定性处理方面的意见，应当有分析地表示是否予以采纳，并阐明理由。第二审判决理由是第二审人民法院对第一审判决以及上诉或抗诉理由进行全面审查后作出的，因此要详细阐述改判的理由。

对于改判的案件，除应阐明改判的根据和理由外，此部分还要写明改判的法律依据。在写改判的法律依据时，要先引用程序法的规定，再引用实体法的规定。

（4）判决结果。判决结果分三种情况：其一，原审判认定事实没有错误，但适用法律有错误，或者量刑不当的，应当改判的；需要全部改判的，首先要撤销原审法院的判决，然后写明改判的内容；需要部分改判的，应具体写明维持原判的哪一项，撤销原判的哪一项以及如何改判。其二，对原判事实不清或者证据不足的，可以在查清事实后由第二审人民法院直接改判的，首先要撤销原审法院的判决，然后写明改判的内容。其三，原判决认定事实、性质（罪名）和适用法律均不当，原审被告人无罪的，应当撤销原判，宣告上诉人无罪。

3. 尾部

尾部包括交代判决的法律效力、合议庭组成人员署名、判决日期、用印、核对戳记和书记员署名。

交代判决的法律效力，即在判决结果之下，另起一行写明："本判决为终审判决。"

尾部其他各项的书写，与第一审刑事判决书相同。

4.3.2 写作注意事项

第二审改判用的刑事判决书写作的重点，应当针对第一审判决中的错误，以及上诉、抗诉的意见和理由，进行叙事和说理。

第二审判决认定的事实和证据与原判没有变动的，可采取"此繁彼简"的方法，重点叙述原判认定的事实和证据，而对第二审审理查明的事实和证据，则进行概括叙述。

4.3.3 范文示例

××省高级人民法院

刑事判决书

（××××）×刑终字第××号

原公诉机关××市人民检察院。

上诉人（原审被告人）李 ×× ，男，×××× 年 ×× 月 ×× 日出生，汉族，×× 文化程度，×× 省 ×× 县 ×× 乡农民。住 ×× 县 ×× 乡 ×××× 村二组。因强奸、故意杀人于 ×××× 年 ×× 月 ×× 日被拘留，同月 ×× 日被逮捕，现关押于 ×× 市公安局看守所。

辩护人唐 ××，×× 县律师事务所律师。

×× 市中级人民法院审理 ×× 市人民检察院指控原审被告人李 ×× 犯强奸罪、故意杀人罪一案，于 ×××× 年 ×× 月 ×× 日作出（××××）× 刑初字第 ×× 号判决。原审被告人李 ×× 不服，提出上诉。本院依法组成合议庭，公开开庭审理了本案。×× 市人民检察院指派检察员陶 ×× 出庭履行职务。上诉人（原审被告人）李 ×× 及其辩护人唐 ×× 等到庭参加诉讼。现已审理终结。

×× 市中级人民法院判决书认定，×××× 年 ×× 月 ×× 日早晨 6 时左右，上诉人李 ××……原审法院以强奸罪、故意杀人罪判处上诉人李 ×× 死刑，剥夺政治权利终身。

李 ×× 在上诉中提出，原审判决定罪不准……另外，量刑过重，他坦白交代了全部罪行，具有从轻处罚的情节，希望法院判处死刑，缓期执行，或者判处无期徒刑。辩护人认为被告人不构成强奸罪，并且拘留后在审讯期间能坦白交代罪行，有悔罪表现，具有从轻处罚的酌定情节，因此建议人民法院判为无期徒刑或者死刑缓期二年执行。×× 市人民检察院认为，原判事实清楚，被告人手段极其残忍，罪行特别严重，因此建议驳回上诉，维持原判。

经审理查明……

上述事实有 ×× 县公安局第一现场勘查笔录、第二现场勘查笔录为证，同时上诉人李 ×× 的供词与勘查笔录吻合。×× 县公安局刑侦队在李 ×× 住处发现……上述证据完全证明了上诉人李 ×× 杀人的犯罪事实。

本院认为，上诉人李 ×× 故意杀人事实清楚，证据确凿充分，其犯罪手段特别残忍。情节特别恶劣，后果特别严重，应依法严惩。原判判处上诉人李 ×× 死刑，量刑适当。但认定上诉人李 ×× 强奸罪证据不足，故不能成立。上诉人李 ×× 关于自己不构成强奸罪的辩解和辩护人关于李 ×× 不构成强奸罪的意见理由充分，本院予以采纳。但上诉人李 ×× 和辩护人关于“具有从轻处罚情节”的意见无法律依据，本院不采纳。

根据《中华人民共和国刑事诉讼法》第××××条之规定，判决如下：

…………

本判决为终审判决。

审判长：×××

审判员：×××

审判员：×××

××××年××月××日

（院印）

本件与原本核对无异（印戳）

书记员：×××

4.4 刑事裁定书

刑事裁定书，是指人民法院对刑事案件在审理和判决执行过程中，依照我国刑法、刑事诉讼法的规定，就案件的有关诉讼程序问题和部分实体问题作出的书面处理决定时制作的法律文书。

制作刑事裁定书，能够解决审判过程中出现的问题，及时排除诉讼障碍，使刑事诉讼得以顺利进行。

刑事裁定书作为刑事裁定的书面形式，是人民法院常见的法律文书之一。从形式上分，有书面裁定书和口头裁定书；从内容上分，有关于程序问题的裁定书和关于实体问题的裁定书；从程序上分，有第一审刑事裁定书、第二审刑事裁定书、死刑复核裁定书、再审刑事裁定书、中止审定裁定书和终止审定裁定书。

4.4.1 格式写法

刑事裁定书由首部、正文和尾部三部分组成。

1. 首部

刑事裁定书的首部包括标题，案号，检察机关、当事人及其诉讼参与人的基本情况。

（1）标题。标题由制作机关名称和文书名称构成，即“×××× 人民法院”“刑事裁定书”，分两行居中书写；标题不用标明审级。

（2）案号，由收案年度、法院代字、类型代字、案件顺序号组成，写在标题右下方，如“（××××）× 刑 ×× 字第 ×× 号”。

（3）检察机关、当事人及其诉讼参与人的基本情况。这一部分的写法，分别与其同审级的刑事判决书的相应部分写法相同。但是，有些裁定书也有其不同之处，如减刑裁定、假释裁定书，只写罪犯姓名及其身份等基本情况。比如，债权人对于犯罪分子所欠的正当债务，请求从所没收该犯罪分子的财产中偿还的，人民法院为此所制作的裁定书，在当事人这一栏中，则只写申请人（债权人）和被申请人（债务人）的姓名及其身份等基本情况。又比如，因有正当理由耽误了诉讼期限，申请准许继续进行刑事诉讼活动的，人民法院为此所制作的裁定书的当事人这一栏，也只列该申请人的姓名和身份等基本情况，而不写涉讼的其他人。

2. 正文

刑事裁定书的正文，除开头说明案由外，其主体部分是由事实、理由和裁定结果组成的。

关于案由，各裁定书的写法不同，具体可参照我国最高人民法院发布的《法院刑事诉讼文书样式》（样本）中的规定。

各种不同类型的刑事裁定书，其主体部分写法也各不相同。现择要举例分述如下：

对于第一审驳回自诉刑事裁定书，先简写驳回自诉的理由，然后写明裁定的法律依据，最后写裁定结果。

对于第二审驳回上诉、维持原判的裁定书，首先，概述原判决认定的事实、证据、理由和判决结果，概述上诉、辩护及检察机关在第二审中提出的新意见；其次，概述第二审审查查明的事实，重点针对上诉人、辩护人、抗诉方等提出的意见和理由进行反驳，并论证原判决在认定事实、适用法律方面的正确性；最后，写明裁定结果。

对于第二审发回重新审判的裁定书，应先阐明发回重审的理由，具体写明原判事实不清，证据不足，或者严重违反法律规定的诉讼程序的情况，以及发回重审的法律依据等，最后写明裁定结果。

3. 尾部

尾部包括告知事项或交代判决的法律效力、署名、制文日期、院印、核对戳记和书记员署名。

对于告知事项或交代判决的法律效力，第一审裁定书，在尾部有交代上诉权的内容；第二审裁定书，在尾部交代“本裁定为终审裁定”等内容。如果被告人中有被判处死刑的，第二审还应当交代是核准死刑的裁定，还是需报请最高人民法院核准。

其他尾部事项与刑事判决书的写法相同。

4.4.2 写作注意事项

裁定书是一事一裁，应根据案件具体情况和裁定所要解决的问题，准确引用法律条文。

4.4.3 范文示例

××市××××人民法院

刑事裁定书

（××××）××刑终第××号

原公诉机关××市××××人民检察院。

上诉人（原审被告人）王××，男，××岁（××××年××月××日出生），汉族，出生地××市，××文化程度，务工，户籍所在地××市××区××××街；因涉嫌犯故意伤害罪于××××年××月××日被羁押，同年××月××日被逮捕。现羁押于××市××看守所。

辩护人张××，××市××××律师事务所律师。

辩护人刘××，××市××××律师事务所律师。

××市××××人民法院审理××市××××人民检察院指控原审被

告人王 ×× 犯故意伤害罪一案，于 ×××× 年 ×× 月 ×× 日作出（××××）×× 刑初第 ×× 号刑事判决。在法定期限内，原公诉机关没有提出抗诉，原审被告人王 ×× 对判决不服。提出上诉。本院依法组成合议庭，公开开庭审理了本案。×× 市 ×××× 人民检察院指派检察员 ×××、检察员助理 ××× 依法出庭履行职务，上诉人王 ×× 及其辩护人张 ××、刘 ×× 到庭参加诉讼。本案现已审理终结。

×× 市 ×××× 人民法院判决认定：×××× 年 ×× 月 ×× 日 ×× 时许，王 ×× 在 ×× 市 ×× 区 ×××× 镇 ×××× 村，与邻居邓 ××（男，殁年 ×× 岁）因相邻房屋滴水问题发生口角并持铁锨互殴，王 ×× 持铁锨把击打邓 ×× 头部，后邓 ×× 被送医院救治无效，于 ×××× 年 ×× 月 ×× 日死亡。王 ×× 头部、左手、左腿受伤。经鉴定，邓 ×× 符合被他人用钝器打伤头部，伤及脑组织，导致颅脑损伤死亡。王 ×× 身体所受损伤程度属于轻微伤。×××× 年 ×× 月 ×× 日，经民警传唤，王 ×× 自行前往 ×× 市 ×× 区 ×××× 派出所接受询问。

×× 市 ×××× 人民法院认定上述事实的证据有：

…………

经审理查明……

本院认为……

依照……（写明裁定所依据的法律条文）的规定，裁定如下：

…………

本裁定为终审裁定。

审判长：×××

审判员：×××

审判员：×××

×××× 年 ×× 月 ×× 日

（院印）

本件与原本核对无异（印戳）

书记员：×××

4.5 第一审民事判决书

第一审民事判决书是第一审人民法院依照《中华人民共和国民事诉讼法》规定的第一审程序，对审理终结的第一审民事案件就实体问题作出的书面处理决定。民事案件是指有关民事权利和义务的案件，其中包括有关财产权益纠纷，如婚姻、家庭等方面的纠纷，也包括经济纠纷。

在人民法院受理的案件中，民事案件所占比例较大。制作好第一审民事判决书，能够明确当事人之间的权利义务关系，及时处理民事纠纷，对于制裁民事违法行为，保护公民、法人和其他组织的合法权益具有重要的作用。

第一审民事判决书适用于按照《中华人民共和国民事诉讼法》第一审普通程序处理的普通民事案件、按照简易程序处理的简单民事案件和按照特别程序处理的特殊民事案件等。

4.5.1 格式写法

第一审民事判决书由首部、正文和尾部三部分组成。

1. 首部

首部包括标题、案号、诉讼参加人的基本情况。

（1）标题由制作机关名称和文书名称构成。制作机关名称，即“××××人民法院”，基层法院应冠以省、市、自治区的名称，专门人民法院应写法院的类别，海事法院的名称应冠以所在地的名称，涉外民事案件的判决文书还应冠以“中华人民共和国”国名。文书名称，即“民事判决书”。

标题分为两行居中书写，制作机关名称和文书名称各占一行。

（2）案号由年度、法院代字、案件性质代字、审判程序代字和案件顺序号组成，如“（××××）×民初字第××号”。

（3）诉讼参加人的基本情况，应写明原告及其法定代理人、委托代理人的基本情况；被告及其法定代理人、委托代理人的基本情况，其中包括诉讼地位和基本信息。

第一审民事案件当事人的诉讼地位一般表述为“原告”“被告”“第三

人”，书写诉讼参加人的情况时，务必做到准确无误，不能遗漏，也不能颠倒次序。

当事人是自然人的，基本信息应写明其姓名、性别、出生日期、民族、职业、工作单位及职务、住所。当事人有法定代理人或指定代理人的，在当事人之后另起一行写明其姓名、性别、职业、工作单位及职务、住所，并在姓名后用括号注明其与当事人的关系。

当事人是法人或其他组织的，应写明组织名称和地址。

2. 正文

正文包括以下内容：

（1）案件来源和审理经过。这部分主要包括案件来源、案由、审判组织、审判方式和开庭审理过程。原告与被告之间发生了什么性质的纠纷、案件受理日期、审判组织和审判方式、当事人及其诉讼代理人等到庭参加诉讼的情况。如果是当事人经合法传唤未到庭的，应写“被（原）告 ××× 经本院合法传唤无正当理由拒不到庭”。如果是当事人未经法庭许可中途退庭的，应写“被（原）告 ××× 未经法庭许可中途退庭”。

具体可表述为：“原告 ××× 诉被告 ×××……（案由）一案，本院于 ×××× 年 ×× 月 ×× 日受理后，依法组成合议庭（或者依法由审判员 ××× 独任审判），公开（或不公开）开庭审理了此案。原告 ×××、被告 ×××、第三人 ××× 及其诉讼代理人 ×××、×××（如果当事人未出庭而由代理人出庭的，应写‘被（原）告 ××× 的诉讼代理人 ×××’）、证人 ××× 等到庭参加诉讼。本案现已审理终结。”

（2）事实。事实是解决民事案件的基础。因此，判决书首先要把事实写清楚。第一审民事判决书的事实部分应当写明：当事人的诉讼请求、双方争议的事实和理由；法院认定的事实和据以判决的证据。

当事人的诉讼请求、双方争议的事实和理由，应按照原告、被告、第三人的顺序依次表述当事人的起诉意见、答辩意见、陈述意见。法院诉讼文书样式中分别列出“原告 ××× 诉称”“被告 ××× 辩称”“第三人 ××× 叙称”。诉辩意见应当先写明诉讼请求，再写事实和理由。只有写明这几方面争议的事实内容，才能全面反映案情，明确双方争执的焦点。这些都要根据起诉状、答辩状以及当事人在诉讼中增加或变更诉讼请求内容表述出来。

按照《中华人民共和国民事诉讼法》的规定，在诉讼过程中，被告有权提起反诉。因此，如果是被告反诉的，还应将反诉的事实写进判决书。

法院认定的事实和据以判决的证据，是民事判决书事实部分最重要的内容。一般包括当事人之间的法律关系，纠纷发生的时间、地点、原因、经过、情节，双方争议的焦点，认定事实的证据等要素。先写证据，再写法院认定的事实。认定事实的证据不仅要列举，而且要进行分析论证。

（3）理由。理由是根据法院认定的事实和有关法律、法规和政策，对当事人之间争议的是非曲直进行公正、合理的评定，是判决的重要依据。第一审民事判决书的理由由两部分组成，即判决的理由和判决所适用的法律。

判决的理由，即人民法院针对当事人的诉讼请求，根据认定的事实、证据，根据有关法律的规定，明确当事人争议的法律关系，阐述原告诉讼请求是否成立，说明其正确和错误，分清是非曲直和责任。

判决所适用的法律，即人民法院解决具体的民事案件所依据的民事法律条文。凡是有法可依的，都必须准确地引用有关的法律条文。目前还没有法律明文规定，而是根据政策精神判决的，可写“据此，判决如下”，而不要写“依法判决如下”。

（4）判决结果。判决结果是人民法院根据认定的事实，依照法律规定，对审理终结案件作出的决定。判决结果要明确地、不附条件地指出当事人之间的权利和义务关系，解决当事人之间的民事争议。有多名当事人承担责任的，应写明各当事人承担责任的形式、范围。有多项给付内容的，应先写明各项目的名称、金额，再写明累计金额。

法院必须对当事人履行的具体事项做出明确规定，即应当履行什么、如何履行、何时履行等，所涉及的责任、义务等应当全面叙述，不应有遗漏。

3. 尾部

第一审民事判决书的尾部应写明诉讼费用的负担、告知事项、落款等。

在判决结果后另起一行，写明诉讼费用由谁负担。具体可表述为：“诉讼费用 ×××× 元，由被告（或原告）×××（姓名）负担。自本判决生效后 ×× 日内交纳。”如果当事人部分败诉，部分胜诉，则按比例分担，可表述为：“诉讼费用 ×××× 元，由原告 ×××（姓名）负担 ××× 元，被告 ×××（姓名）负担 ××× 元，自本判决生效后 ×× 日内交纳。”对于共同诉讼的当事人败诉，由人民法院根据他们的人数和他们各自对诉讼标的的利害关系决定诉讼费用分担的，可表述为“诉讼费用 ×××× 元，由原告（或被告）×××（姓名）负担 ×××× 元，×××（姓名）负担 ×××× 元，×××（姓名）负担 ×××× 元，自本判决生效后 ×× 日内交纳。”

告知事项，即向当事人交代上诉事项，具体可表述为：“如不服本判决，可在本判决书送达之日起 ×× 日内，向本院提交上诉状，并按对方当事人的人数提出副本，上诉于 ×××× 人民法院。”

落款，右下方由独任审判员或合议庭组成人员署名。署名之后，另起一行写明判决日期。在日期的次行左侧，核对戳记。下一行右下方，由书记员署名。

4.5.2　写作注意事项

由于判决认定的事实是人民法院正确运用法律的依据，所以在叙述事实时，必须实事求是、有理有据，不能认定的事实不要写在判决书上，要注意保守国家机密，对个人隐私情节不要描述。

法律是判决的依据，因此必须准确引用，才能彰显法律的力量，使人心悦诚服。

4.5.3　范文示例

××市××区人民法院

民事判决书

（××××）××民初字第××号

原告××市××××开发公司，地址××市××××街××号。

法定代表人×××，××市××××开发公司总经理。

委托代理人×××，××市××律师事务所律师。

被告张××，男，××××年××月××日出生，汉族，××市×

××× 运输公司工人，住 ×× 市 ×××× 路 ×× 号。

原告 ×× 市 ×××× 开发公司与被告张 ×× 房屋拆迁纠纷一案，本院受理后，依法组成合议庭，公开开庭进行了审理。原告的委托代理人 ××× 和被告张 ×× 到庭参加诉讼。本案现已审理终结。

原告 ×× 市 ×××× 开发公司诉称，×××× 年对被告原住的 ×× 市 ×××× 街 ×× 号拆迁时，因被告无房暂住，遂将 ×× 市 ×××× 小区 ×××× 室安排给被告暂住，现被告早已搬入新居，故诉请被告立即腾让 ×××× 小区暂住房并赔偿损失费 ×××× 元。

被告张 ×× 辩称，现虽住进了新居，但因新居的产权证书和拆迁遗留问题未解决，故未腾让暂住房，原告将上述问题解决并赔偿损失费 ×××× 元后，立即腾让暂住房。

经审理查明，×××× 年原告下属 ×××× 指挥部对被告原住的 ×× 市 ×××× 街 ×× 号住房进行了拆迁，并于 ×××× 年 ×× 月 ×× 日与被告订立拆迁补偿协议。事后，因被告无房暂住，该指挥部于 ×××× 年 ×× 月 ×× 日将本市 ×××× 小区 ×××× 室暂住房提供给被告暂住。×××× 年，被告的安置房交付使用后，因安置房的产权问题及被告的未拆迁住房的补偿未能解决，被告未腾让暂住房。原告经催要未果遂诉请被告立即迁让过渡房并赔偿损失费 ×××× 元。被告应诉后，要求原告先解决安置房的产权证及拆迁遗留问题并赔偿损失费 ×××× 元。原告、被告各执己见，不能达成一致意见。

上述事实，有双方当事人陈述和所签补偿安置协议等书证证实。

本院认为，被告住进新居后理应腾让暂住房，故原告要求被告腾让暂住房的请求应予支持。被告以未办理安置房（新居）的产权证等为由，不腾让暂住房的主张，不予支持。被告未腾让暂住房引起纠纷，应负主要责任，故其要求原告赔偿损失的请求不予支持；原告未及时解决与拆迁相关的问题也有一定的责任，故对其要求被告赔偿损失的请求亦不予支持。为此，依照《××××》第 ×× 条之规定，判决如下：

被告张 ×× 应于本判决生效后 ×× 日内腾让本市 ×××× 小区 ×××× 室暂住房，交还给原告开发公司。

本案受理费 ×××× 元，其他诉讼费用 ×××× 元，由被告张 ××

负担。

如不服本判决，可在判决书送达之日起××日内向本院递交上诉状，并按对方当事人的人数提出副本，上诉于××省××市中级人民法院。

审判长：×××

审判员：×××

审判员：×××

××××年××月××日

（院印）

本件与原本核对无异（印戳）

书记员：×××

4.6　第二审民事判决书

第二审民事判决书，是第二审人民法院根据当事人不服第一审人民法院的判决上诉后，按照《中华人民共和国民事诉讼法》规定的第二审程序，对上诉案件进行审理，依法对案件的实体问题作出处理决定时所制作的法律文书。

第二审人民法院根据当事人的上诉请求，确认第一审人民法院认定的事实和作出的判决结论是否正确，通过第二审判决可以及时有效地纠正第一审民事判决或裁定可能发生的错误，切实保障当事人的合法权益，从而提高审判质量。

第二审民事判决书适用于原判决认定事实清楚，适用法律正确，需驳回上诉，维持原判决的上诉案件；原判决适用法律错误，需依法改判的上诉案件；原判决认定事实错误，或者原判决认定事实不清，证据不足，需查清事实后改判的上诉案件。

4.6.1 格式写法

第二审民事判决书一般由首部、正文和尾部三部分组成。

1. 首部

首部包括标题、案号、诉讼参加人的基本情况。

（1）标题，与第一审民事判决书的写法相同，在“民事判决书”之前，不标明审级。

（2）案号，除类型代字写为“民终”外，其他与第一审民事判决书的写法相同。

（3）诉讼参加人的基本情况。在第二审民事案件中，不论是原审原告、原审被告，还是第三人提起上诉的，一律称为“上诉人”，对方当事人则称为“被上诉人”。先写上诉人，再写被上诉人，最后写其他当事人。

在上诉人和被上诉人之后，用括号注明其原审诉讼地位，即“原审原告”“原审被告”“原审第三人”。

当事人委托诉讼代理人的，应当在当事人之后另起一行写明为“委托诉讼代理人”，并写明委托诉讼代理人的姓名及其基本情况。

2. 正文

正文包括以下内容：

（1）案件由来和审理经过。此部分应简要写明案件名称与来源、立案日期、庭审情况。具体可表述为：“上诉人 ××× 因……（写明案由）一案，不服 ×××× 人民法院（××××）× 民初字第 ×× 号民事判决，向本院提起上诉。本院依法组成合议庭，公开（或不公开）开庭审理了本案。……（写明当事人及其诉讼代理人等）到庭参加诉讼。本案现已审理终结。”未开庭的，应写“本院依法组成合议庭审理了本案，现已审理终结”。

（2）事实。此部分首先概括写明原审法院认定的事实、判决的理由和判决的结果；其次简述上诉人提起上诉的请求和主要理由，被上诉人的主要答辩以及第三人的意见；最后写明第二审经审理认定的事实和据以判决的证据。

（3）理由。此部分首先叙述上诉人不服原审判决或裁定的理由，以及对这些理由的分析认定，正确的予以支持，错误的予以驳斥；其次分析原审判决是否正确，正确的予以维持，错误的予以纠正；最后写明判决依据的法律条款项。

（4）判决结果。此部分主要包括裁判依据和裁判主文。这一部分应根据实际情况写明处理决定：原判决认定事实正确，适用法律恰当，应写“维持原判，驳回上诉”。原判决认定事实正确，适用法律不当，依法改判，应写“原判决撤销”，然后写明改判的内容；如果是部分改判，则写明改判的是哪一部分及具体内容。原判决认定事实不清，证据不足，可以发回原审人民法院重新审判，应写“原判决撤销，发回 ×××× 人民法院重新审判”。

3. 尾部

尾部应写明诉讼费用的负担、告知事项和落款。

判决结果写完以后，另起一行，写明诉讼费用的负担。

告知事项，即写明“本判决为终审判决”。

落款的写法与第一审民事判决书相同。

4.6.2　写作注意事项

在写作第二审民事判决书的事实部分时，主要是针对上诉人提出的问题进行重点叙述，并运用相应的证据材料分析甄别；要交代清楚有关民事法律关系的诸要素，注意详略得当。

在写作第二审民事判决书的理由部分时，一定要实事求是，要有针对性和说服力，分清是非，以理服人；防止照抄原判理由，或公式化套语。

4.6.3　范文示例

××省××市中级人民法院

民事判决书

（××××）×民终字第××号

上诉人（原审被告）赵××，××××。

委托代理人 ×××，×× 市 ×××× 律师事务所律师。

委托代理人 ×××，×× 市 ×××× 律师事务所律师。

被上诉人（原审原告）李 ××，××××。

委托代理人 ×××，×× 市 ×××× 律师事务所律师。

委托代理人 ×××，×× 市 ×××× 律师事务所律师。

上诉人赵 ×× 因 ×××× 一案，不服 ×× 市人民法院（××××）× 民初字第 ×× 号判决，向本院提起上诉。本院依法组成合议庭审理了本案，现已审理终结。

×××× 年 ×× 月，李 ×× 以赵 ×× 的后院墙影响自己的通行为由将其起诉至一审法院，要求……一审法院判决认定，赵 ×× 为自己生活方便，未经批准建了后院墙，造成他人走道困难，故判决赵 ×× 将其房后所建后院西墙和北墙分别向内退回 ×× 米。

赵 ×× 不服一审判决，其上诉理由是：一审判决认定的事实与适用法律有错误，判决结果使自己的合法权益受到了损害，要求驳回李 ×× 的诉讼请求。李 ×× 同意原审判决。

经审理查明，李 ×× 使用的宅院位于赵 ×× 宅院后侧，赵 ×× 房后至西山墙外是一条公用道路。×××× 年经有关部门批准，赵 ×× 之父在自己的房后建了一个后院，占用了房后走道的一部分，后该宅院由赵 ×× 使用。×××× 年李 ×× 为 ×××× 问题与赵 ×× 发生纠纷，经村委会及镇政府主管部门解决，赵 ×× 将其宅院的西、北后墙分别向内退回 ×× 厘米，事后至起诉前李 ×× 未对走道提出异议。经本院勘查，赵 ×× 房后走道最窄处为 ×× 米。该村村委会向本院提供的书面证明证实赵 ×× 使用房后的宅基合法，并不影响李 ×× 对走道的正常使用。

本院认为……

综上所述，上诉人赵 ×× 的上诉请求符合法律规定，本院予以支持。据此，根据 ×××× 的规定，判决如下：

一、撤销 ×× 市人民法院（××××）× 民初字第 ×× 号判决；

二、驳回李 ×× 的诉讼请求。

第一审案件受理费 ×××× 元，由李 ×× 负担；第二审案件受理费 ×××× 元，由李 ×× 负担。

本判决为终审判决。

审　判　长：彭××
代理审判员：邢××
代理审判员：姜××
××××年××月××日
（院印）

本件与原本核对无异（印戳）

书记员：张××

4.7　民事调解书

判决和调解，是人民法院处理民事、经济纠纷案件的主要方式，都是人民法院代表国家行使审判权的具体体现。

民事调解书，即人民法院采用调解方式处理民事、经济纠纷案件，根据当事人之间自愿达成协议而制作的具有法律效力的文书。

民事调解书和民事判决书具有同等的法律效力。民事调解书是当事人共同意志的反映，它的制作可以在诉讼的任何阶段进行。民事调解书有利于人民内部的民事权利义务争执的解决，有利于预防和减少各种纠纷。

调解达成协议应当制作调解书，但并非全都要制作民事调解书。下列案件调解达成协议的，人民法院可以不制作调解书：调解和好的离婚案件；调解维持收养关系的案件；能够即时履行的案件；其他不需要制作调解书的案件。对不需要制作调解书的协议，应当做好笔录，由双方当事人、审判人员、书记员签名或者盖章后，即具有法律效力。

按照不同的划分标准，民事调解书有不同的分类。依据审理程序的不同，可分为第一审民事调解书、第二审民事调解书和再审民事调解书。按照所解决的案件性质划分，可分为解决民事纠纷的民事调解书和解决经济纠纷的民事调解书。

4.7.1 格式写法

民事调解书与民事判决书的写法基本相同，一般由首部、正文和尾部三部分组成。

1. 首部

首部包括标题、案号和当事人的基本情况。

（1）标题，即在文书顶端居中分两行写明人民法院的名称和文书名称，如“×××× 人民法院”“民事调解书”。

（2）案号，应在标题右下方注明，民事调解书的案号的写法与民事判决书基本相同。

（3）当事人的基本情况，不同的案件有不同的写法。

如果是第一审普通程序、简易程序、小额诉讼程序、公益诉讼的调解书，应按顺序写明原告、被告、第三人的基本情况；如果有委托诉讼代理人，应分别列在各当事人项下。

如果是第二审程序的调解书，应按上诉人、被上诉人、原审第三人的顺序写明基本情况，对于上诉人和被上诉人，要写明其在原审中的地位，如“上诉人（原审原告）”“被上诉人（原审被告）”。

2. 正文

民事调解书的正文要依次写明以下内容：

（1）案由和案件审理情况，不同类型的调解书之间存在着一定的差异。

（2）当事人的诉讼请求和案件的事实，简要写明原告与被告、上诉人与被上诉人、申请人与被申请人各方的主要意见即可。

民事调解书不要求写理由部分。当然，法院主持调解是在分清是非的前提下进行的，但是，分清是非的内容可以不写进调解书中。

（3）调解结果，是指当事人自愿达成解决诉讼的协议条款。

协议内容写完以后，另起一行写：“上述协议，符合有关法律规定，本院予以确认。”

3. 尾部

根据案件的不同情况，尾部应写明诉讼费用的负担情况、生效条件和法律效力、落款。

诉讼费用的负担情况，如果是当事人协商确定的，写入协议内容，否则，应在尾部交代。

调解书的生效条件和法律效力，具体可表述为："本调解书经双方当事人签收后即具有法律效力。"

落款，即审判人员署名、注明制成调解书正本的日期、加盖院印、核对印戳、书记员署名。

4.7.2　写作注意事项

调解书的内容必须明确、具体，具有解释的单一性；含含糊糊，拖泥带水，不仅不利于执行，而且有可能因此而发生争议。

文字表达应简明扼要、直截了当。

4.7.3　范文示例

××省××市人民法院

民事调解书

（××××）×民×字第××号

原告李××，女，××××年××月××日出生，汉族，××市××××小学教师，住××市××××路××号。

被告张××，男，××××年××月××日出生，汉族，××市××××公司职工，住××市××××路××号。

案由：离婚纠纷。

原告李××以其与被告张××感情破裂为由诉至我院要求离婚。

经审理查明：原告李××与被告张××于××××年××月经人介绍相识。××××年××月××日在××市民政局登记结婚，结婚后无子女。双方由于婚前认识时间较短，感情基础较差。婚后共同生活期间被告长期在外工作，双方亦未能更进一步地促进感情发展，致使夫妻感情逐渐破裂，原告李××于××××年××月××日诉至本院要求离婚。被告张××亦同意离婚。

本案在审理过程中，经本院主持调解，双方当事人自愿达成如下协议：

一、李 ×× 与张 ×× 自愿离婚。

二、……

三、案件受理费 ×××× 元，其他诉讼费 ×××× 元，合计 ×××× 元，由李 ×× 负担。

本调解书经双方当事人签收后即具有法律效力。

上述协议，符合有关法律规定，本院予以确认。

审判长：×××

审判员：×××

审判员：×××

×××× 年 ×× 月 ×× 日

（院印）

本件与原本核对无异（印戳）

书记员：×××

4.8 民事裁定书

民事裁定书是人民法院根据法律规定，在民事案件的审理或执行过程中，就案件程序问题所作出的处理决定时制作的法律文书。

民事裁定只解决程序问题，不解决实体问题，因此，从某种意义上说，民事裁定书比民事判决书具有更强的时间性。

民事裁定书适用的范围如下：不予受理；对管辖权有异议；驳回起诉；财产保全和先予执行；准许或不准许撤诉；中止或终结诉讼；补正判决书中的笔误；中止或终结执行；不予执行仲裁裁决；不予执行公证机构赋予强制执行效力的债权文书；其他需要裁定解决的事项。

民事裁定书按照不同的标准可以划分为不同的种类。按程序划分，民事裁定书可分为第一民事裁定书、第二审民事裁定书、再审民事裁定书、非讼程序的民事裁定书、督促程序的民事裁定书、公示催告程序的民事裁定书、执行程序的民事裁定书。按所解决的问题划分，民事裁定书可分为不予受理的民事裁定书、驳回起诉的民事裁定书、准许撤诉的民事裁定书等。

4.8.1　格式写法

民事裁定书一般由首部、正文和尾部三部分组成。

1. 首部

首部包括标题、案号和当事人的基本情况。

（1）标题，分两行写明人民法院的全称和文书名称。

（2）案号，置于标题右下方，可写为“（××××）× 民 × 字第 ×× 号”。若是第一审民事裁定书，则写为“（××××）× 民初字第 ×× 号”。若是第二审民事裁定书，则写为“（××××）× 民终字第 ×× 号”。

（3）当事人的基本情况，写法与第一审、第二审民事判决书相同。

2. 正文

正文由案由、事实、理由和裁定组成。

按照裁定书的内容，可以分为以下几种表述方式。

（1）不予受理起诉的，可表述为：

“×××× 年 ×× 月 ×× 日，本院收到 ××× 的起诉状（或口头起诉），……（写明起诉理由）

经审查，本院认为……（写明不符合起诉条件而不予受理的理由）。依照《中华人民共和国民事诉讼法》第 ×××× 条的规定，裁定如下：

对 ××× 的起诉，本院不予受理。”

（2）管辖权异议的，可表述为：

“本院受理……（写明当事人姓名或名称和案由）一案后，被告 ××× 在提交答辩状期间对管辖权提出异议，认为……（写明异议的内容与理由）

经审查，本院认为……（写明异议成立或不成立的根据与理由）。依照《中华人民共和国民事诉讼法》第 ×××× 条的规定，裁定如下：

被告 ××× 对管辖权提出的异议成立，本案移送 ×××× 人民法院处理（异议不成立的，则表述为‘驳回被告 ××× 对本案管辖权提出的异议’）。”

（3）诉讼财产保全的，可表述为：

“本院在审理……（写明当事人名称或姓名和案由）一案中，×告×××于××××年××月××日向本院提出财产保全申请，要求……（写明请求的具体内容）并已提供担保（未提供担保的，可不写此句）。（法院依职权要采取保全的，不写‘×告×××……’一段，接写需要采取财产保全的事实依据。）本院认为，×告×××的申请符合法律规定，……（写明需采取财产保全的理由）。依照……（写明采取财产保全的具体内容）”

（4）准许或不准许撤诉的，可表述为：

“本院在审理……（当事人姓名或名称和案由）一案中，原告×××于××××年××月××日向本院提出撤诉申请。

本院认为……（准许或不准许撤诉的理由）。依照……（裁定所依据的法律条款）的规定，裁定如下：

准许原告×××撤回起诉（或不准许原告×××撤回起诉，本案继续审理）。”

（5）中止或终结诉讼的，可表述为：

“本院在审理……（当事人姓名或名称和案由）一案中，……（中止或终结诉讼的事实根据）。依照……（裁定所依据的法律条款）的规定，裁定如下：

本案中止诉讼（或本案终结诉讼）。”

3. 尾部

在尾部应写明：“本裁定书送达后，可以向本院申请复议一次，复议期间不停止裁定的执行。”

对于不予受理或裁定、管辖权提出异议的裁定和驳回起诉的裁定，在尾部应写明：“如不服本裁定，可在裁定书送达之日××日内，向本院递交上诉状，上诉于××××人民法院。”

不予执行仲裁裁决的裁定和不予执行公证债权文书的裁定，依照《中华人民共和国民事诉讼法》的规定，由于实行的是一审终审制，故上述裁定书的尾部应写明：“本裁定为终审裁定。”

准许或不准撤诉、中止或终结诉讼、补正裁判文书笔误的裁定，不用交代有关事项，故“准予撤诉的”或“终结诉讼的”只需写明诉讼费用的负担情况即可。

注明审判庭人员的姓名、日期、院印、核对戳记、书记员署名等，其写法与民事判决书相同。

4.8.2 写作注意事项

裁定的法律依据要正确。

裁定结果表述要准确。

4.8.3 范文示例

××省××市××区人民法院

民事裁定书

（××××）×民初字第××号

原告胡××，男，××××年××月××日出生，××××公司职工，住××市××区××街××号。

被告高××，女，××××年××月××日出生，无业，住××市××区××××胡同××号。

原告胡××诉被告高××离婚一案，本院依法进行了审理，现已审理终结。

原告与被告于××××年××月登记结婚，婚后无子女。××××年××月××日，原告以夫妻感情不和为由来院起诉，要求与被告离婚。经本院调解，原告撤回起诉。现原告持原诉理由再次诉至本院要求离婚。

本院认为，原告撤诉不满半年，且在没有新情况、新理由的情况持原诉理由再次起诉，不符合民事诉讼法规定的受理条件。依照××××的规定，裁定如下：

驳回胡××的诉讼。

案件受理费××××元，由原告胡××负担（已交纳）。

如不服本裁定，可在裁定书送达之日起××日内，向本院递交上诉状，并按对方当事人的人数提出副本，上诉于××市中级人民法院。

审判员：×××

××××年××月××日

（院印）

本件与原本核对无异（印戳）

书记员：×××

4.9 第一审行政判决书

第一审行政判决书，是指第一审人民法院按照行政诉讼程序，对审理终结的第一审行政案件，依照法律和行政法规、地方性法规及有关行政规章就案件的实体问题作出的书面处理决定。

人民法院通过对行政案件的审理，并依法对国家行政机关的具体行政行为是否公正、合法作出正确的判决，可以及时解决民与官的纠纷，有力地监督制约行政机关的行政工作，这对于调整、稳定行政法律关系，保障行政机关依法行政，切实维护当事人的合法权益具有重要作用。

4.9.1 格式写法

第一审行政判决书由首部、正文和尾部三部分组成。

1. 首部

首部包括标题、案号、当事人及其诉讼代理人的基本情况。

（1）标题，由人民法院全称和文书名称组成，即“××××人民法院”“行政判决书”；分两行居中书写。法院的名称一般应与院印的名称一致，各级地方法院应冠以省、市、自治区的名称。

（2）案号，由立案年度、制作机关简称、案件性质、审判程序代字和案件顺序号组成，写在标题的右下方，如“（××××）×行初字第××号”。

（3）当事人及其诉讼代理人的基本情况，按照原告、被告、第三人的排列顺序依次书写。

原告是公民的，应写明姓名、性别、出生日期、民族、职业、工作单位及职务、住址。原告是法人或其他组织的，应写明法人或其他组织的名称和所在地址，另起一行写明法定代表人或代表人及其姓名和职务。原告是无民事行为能力的公民，除写明原告本人的基本情况外，还应另起一行写明其法定代理人姓名、性别等事项。委托代理人是律师的，应写明其姓名和所在的律师事务所；委托代理人不是律师的，应写明其姓名、性别等事项。

行政判决中的被告，应写明被诉的行政主体名称、所在地址；另起一行写明法定代表人或诉讼代表人姓名及职务。另起一行写明委托代理人的基本事项，委托代理人是律师的，应写明其姓名和所在的律师事务所；委托代理人不是律师的，应写明其姓名、性别等事项。

有第三人参与诉讼的，第三人基本情况的写法参照原告的写法。

2. 正文

正文包括案由、审判组织和审理程序，事实与证据，理由与法律依据，判决结果等内容。

（1）案由、审判组织和审理程序。这部分内容应写明原告不服何行政机关何年何月何字号的行政处罚决定或复议决定或何种具体行政行为；合议庭组成情况及审理的方式；当事人、代理人到庭参加诉讼情况。具体可表述为：“原告 ××× 不服 ××××（原行使机关名称）×××× 年 ×× 月 ×× 日（××××）×× 字第 ×× 号 ×××× 处罚决定（或复议决定，或其他具体行政行为），向本院提起诉讼。本院于 ×××× 年 ×× 月 ×× 日受理后，依法组成合议庭，公开（或不公开）开庭审理了本案。……（写明到庭的当事人、代理人等）到庭参加诉讼。本案现已审理终结。”

如果是移送管辖或指定管辖的案件，还应写明“由 ×××× 人民法院移送（或指定）本院管辖”。如果当事人经两次合法传唤拒不到庭的，则应写明：“× 告 ××× 经本院两次合法传唤无正当理由拒不到庭。”

（2）事实与证据。首先，概括写明被告所做的具体行政行为的主要内容及其事实与根据，以及原告不服的主要意见、理由和请求等；应当将行政争议发生的时间、地点、内容、情节和因果关系等交代清楚；如有第三人的，应当简要写明第三人的意见。其次，写明法院认定的事实和证据；通常以“经审理查明”开头；认定事实的证据，应当强调被告的举证责任。

（3）理由与法律依据。这部分包括判决理由和判决所依据的法律、法规。在写判决理由时，要根据查明的事实和有关法律、法规和法学理论，就行政机关所做的具体行政行为是否合法，原告的诉讼请求是否有理进行分析论证，阐明人民法院的观点。行政判决的法律依据，应当以法律、行政法规、地方性法规为依据，同时参照部门规章和地方性规章。

（4）判决结果。判决结果应根据具体案例和法律依据分别表述。判决结果依照案件类型不同差别较大：维护行政机关具体行政行为的，写明维持原行政机关的处罚决定或复议决定及其他具体行政行为；撤销行政机关具体行政行为的，先撤销行政机关的处罚决定或者复议决定及其他具体行政行为，然后写明判决被告重新做出具体行政行为的内容；部分撤销行政机关具体行政行为的，先写明维持的具体内容，再写明撤销的具体内容，然后写明判决被告重新做出具体行政行为的内容；判决变更行政处罚的，先写明变更某行政机关的何种决定，然后写明变更的具体内容；单独判决行政赔偿的，写明赔偿的金额、交付时间或返还原物、恢复原状等。

3. 尾部

尾部包括诉讼费用的负担情况、交代上诉权、合议庭组成人员署名、判决书生效日期、用印、核对戳记、书记员签名等。

在判决结果之下另起一行，写明“本案收取诉讼费 ×××× 元，由 × 告承担”。

向当事人告知上诉期限、上诉方法和上诉审法院，具体可表述为：“如不服本判决，可在判决书送达之日起 ×× 日内，向本院递交上诉状，并按对方当事人的人数提出副本，上诉于 ×××× 人民法院。”

在判决书右下角位置由审理该案的合议庭成员即审判长、审判员（或代理审判员、人民陪审员）按顺序署名。

署名之下注明制发判决书的日期，并在日期上加盖人民法院公章。

在判决书日期的左下方，加盖“本件与原本核对无异”的印戳。

在核对戳记的右下方，书记员署名。

4.9.2　写作注意事项

当事人基本情况的表述一定要准确。所谓准确，就是要正确认定当事人（包括原告、被告、共同诉讼人、第三人等），不要错列、漏列当事人。

在撰写理由部分时，要有针对性，具体问题具体分析，讲理讲法，恰如其分，合乎逻辑；要主次分明、重点突出、详略得当。

在语言文字表达中，不能产生歧义，使人产生误解；语言要明确，一目了然，不能似是而非，模棱两可；对当事人必须履行的具体事项，做出明确的结论，如履行什么、如何履行、何时履行等，都要表述得清楚；凡应当由当事人履行的，必须全部交代清楚，不能遗漏。

4.9.3　范文示例

××省××市人民法院

行政判决书

（××××）×行初字第××号

原告赵××，男，××××年××月××日出生，汉族，农民，××市人，住××市××镇××××村。

委托代理人刘××，××市××××律师事务所律师。

被告××市××镇人民政府，地址：××镇××××街××号。

法定代表人李××，镇长。

委托代理人江××，××市××××律师事务所律师。

原告赵××不服××市××镇人民政府××××年××月××日作出的（××××）镇土字第××号行政处罚决定，向本院提起诉讼。本院受理后，依法组成合议庭，公开开庭审理了本案。原告赵××及其委托代理人刘××，被告法定代表人李××及其委托代理人江××到庭参加诉讼。本案现已审理终结。

被告××市××镇人民政府认定，原告赵××未经镇政府批准，非法使用土地，违反了《中华人民共和国土地管理法》第××××条之规定，对其作出处罚决定：限赵××十五日内拆除侵占集体土地的非法建筑。赵××对××镇人民政府的处罚决定不服，提出宅基地向东扩展××米是经村民委员会同意的，要求撤销镇人民政府的处罚决定。

经审理查明，原告赵××原使用宅基地一处，面积××亩，有北房××间。××××年××月××日其将北房××间拆除，准备建××间，由于原宅基地使用面积小，多次到村民委员会要求向东扩展××米，经村民委员会同意，并给原告赵××丈量××米，有村民委员会主任王××的证明。原告赵××在施工期间，镇人民政府发现原告赵××多占宅基地未经批准，即通知原告赵××停止施工，但原告赵××不听劝阻，继续施工将房建成。镇人民政府根据原告赵××违法占地的事实，依照《中华人民共和国土地管理法》第××××条的规定，对原告赵××进行处罚，限××日内将非法占用宅基地的建筑物拆除。

本院认为，根据《中华人民共和国土地管理法》第××××条的规定，……村民委员会越权同意原告赵××扩展宅基地无效，未经镇人民政府批准属违法占地行为。××镇人民政府对原告赵××所作出的处罚决定，事实清楚，证据充分，适用法律正确，程序合法。依照《中华人民共和国行政诉讼法》第××××条第××项的规定，判决如下：

维持××市××镇人民政府××××年××月××日（××××）镇土字第××号行政处罚的决定。

诉讼费××××元由原告赵××负担。

如不服判决，可在判决书送达之日起××日内，向本院递交上诉状，并按对方当事人的人数提出副本，上诉于××省××市中级人民法院。

审判长：李××

审判员：马××

审判员：赵××

××××年××月××日

（院印）

本件与原本核对无异（印戳）

书记员：王××

4.10　第二审行政判决书

第二审行政判决书是指第二审人民法院依照行政诉讼法规定的第二审程序，对当事人不服尚未发生法律效力的第一审判决提出上诉的案件，经重新审理后，就实体问题作出的维持原判或改判的书面决定。

第二审人民法院通过审理并以第二审行政判决书结案，可以切实纠正第一审行政判决书可能发生的错误，维护当事人的合法权益，避免误判、错判情况的发生，同时也体现了上级人民法院对下级人民法院行政审判工作的正确指导和监督，有利于帮助下级人民法院提高行政审判工作质量，公正执法。

4.10.1　格式写法

第二审行政判决书一般由首部、正文和尾部三部分组成。

1. 首部

首部包括标题、案号、诉讼参与人的基本情况。

（1）标题，由人民法院全称和文书名称组成，即“×××× 人民法院”“行政判决书”；分两行居中书写。

（2）案号，由立案年度、制作机关简称、案件性质、审判程序代字和案件顺序号组成，写在标题的右下方，如“（××××）× 行终字第 ×× 号”。

（3）诉讼参与人的基本情况，上诉案件当事人的称谓写为“上诉人”“被上诉人”，并用括号注明其在原审中的诉讼地位。上诉案件当事人中的代表人、诉讼代理人等，分别在该当事人项下另起一行列写。

2. 正文

正文包括案由、审判组织、审判方式和开庭审理过程，事实，判决理由，判决结果。

（1）案由、审判组织、审判方式和开庭审理过程。这部分首先应写明上诉人不服一审法院何字号判决；其次写明合议庭组成的情况及审理方式；最后写明当事人及诉讼参与人到庭参加审理的情况。具体可表述为：“上诉人 ××× 因 ××××（案由）一案，不服 ×××× 人民法院（××××）

× 行初字第 ×× 号行政判决，向本院提起上诉。本院依法组成合议庭，公开（或不公开）开庭审理了本案。……（写明到庭的当事人诉讼代理人等）到庭参加诉讼。本案现已审理终结。”

（2）事实。在写第二审行政判决书的事实时，应简要概述第一审行政判决书认定的事实和判决结果；简要概述上诉人上诉的请求和主要理由；扼要叙述被上诉人答辩的主要内容；叙述第二审认定的事实和证据。

第二审认定的事实和证据，要根据不同类型的案件书写。如果原审判决事实清楚，上诉人亦无异议的，简要地确认原判认定的事实即可；如果原审判决认定事实清楚，但上诉人提出异议的，应对有异议的问题进行重点分析，予以确认；如果原审判决认定事实不清，证据不足，经第二审查清事实后改判的，应具体叙述第二审认定的事实和有关证据。

（3）判决理由。第二审行政判决书的判决理由，必须以第二审法院认定的事实、证据和有关行政法规为依据，分析第一审法院认定的理由是否清楚、准确；分析原审适用法律是否正确；分析上诉理由是否成立，上诉请求是否应予以支持；分析被上诉人的答辩理由是否成立；援引法律条款项是否合适。

（4）判决结果。不同的案件有不同的判决结果：维持原判的，写明“驳回上诉，维持原判”字样；对原判部分维持、部分撤销的，先写明维持的内容，再写明撤销的内容，最后写明改判的内容；撤销原审判决、维持行政机关具体行政行为的，先写明撤销原审判决，再写明维持的具体的行政行为，即处罚决定或复议决定等；撤销原审判决，同时撤销或变更行政机关具体行政行为的，则先写明撤销原审判决，再写明撤销或变更行政机关具体行政行为，最后写明第二审法院改判的具体内容。

3. 尾部

尾部应依次写明诉讼费用的承担情况、判决效力、合议庭成员署名、判决日期、加盖院印和核对戳记、书记员署名等。

诉讼费用的负担，要根据案件的不同作出决定：对于驳回上诉、维持原判的，第二审诉讼费用由上诉人承担；双方当事人都提出上诉的，由双方分担。对撤销原判、依法改判的，应同时对第一、二审的各项诉讼费用由谁承担，或者共同分担的问题作出决定，相应地变更第一审法院对诉讼费用承担的决定。

判决效力，即写明“本判决为终审判决”。

尾部其他内容的具体写法与第一审行政判决书的写法相同。

4.10.2　写作注意事项

书写第二审行政判决书的事实时，要概括精练，要将当事人争议的分歧点准确地反映出来，不要照搬照抄原判决书、上诉状和答辩状。

书写第二审行政判决书的理由时，一定要有针对性和说服力，注重从事理、法理等方面加以分析，以回答上诉争议的主要问题，引出合乎逻辑的公正结论。

4.10.3　范文示例

××××人民法院

行政判决书

（××××）×行终字第××号

上诉人（原审×告）×××，……

被上诉人（原审×告）×××，……

上诉人×××因……一案，不服××××人民法院（××××）×行初字第××号行政判决，向本院提起上诉。本院依法组成合议庭，公开（或不公开）开庭审理了本案。……到庭参加诉讼。本案现已审理终结。

…………

经审理查明……

本院认为……依照××××的规定，判决如下：

…………

本判决为终审判决。

审判长：×××

审判员：×××

审判员：×××

××××年××月××日

（院印）

本件与原本核对无异（印戳）

书记员：×××

第5章 监狱法律文书

监狱法律文书，又称为执法文书和狱政文书，是指监狱依法为处理有关执行刑罚和改造罪犯的法律事务而依照法定程序，根据刑事法律和监管法规而制作的具有法律效力或者法律意义的文书总称。

监狱法律文书是监狱对罪犯执行刑罚、进行教育改造的工具，也是监狱是否严格按照法律规定进行狱政管理的重要标志之一。它既是执行刑罚、惩罚罪犯，使其认罪伏法的有效手段，又是教育改造罪犯，使其痛改前非、重新做人的生动材料。此外，它还是检查执法情况、总结经验教训，健全和完善监狱法制的依据。

5.1 提请减刑建议书

提请减刑建议书，是监狱依照法定程序，对符合法定减刑条件的罪犯向人民法院提出减刑建议时所制作的文书。

提请减刑建议书的主要作用是要求人民法院依法对罪犯裁定减刑，体现党和国家对罪犯所采取的惩办与宽大相结合的政策，促使罪犯接受改造，改恶从善，重新做人。

5.1.1 格式写法

提请减刑建议书主要由首部、正文和尾部三部分组成。

1. 首部

首部包括标题、文书编号、减刑对象的基本情况。

（1）标题，由制作机关名称和文书名称组成，即“×××× 监狱”“提请减刑建议书”，分上下行居中书写。

（2）文书编号，由立案年度、机关代字和文书序号等组成，书写在标题的右下方，如“（××××）× 监减字 × 号”。

（3）减刑对象的基本情况。按顺序依次写明罪犯的姓名、性别、出生日期、民族、籍贯、原判罪名、原判法院名称、判决日期、判决案号、附加刑情况、刑期、收监日期等。如果罪犯在服刑期间刑种、刑期或者服刑场所发生过变动，也要一并写明，没有变动的可不写。

2. 正文

正文包括提请的事由，悔改或者立功表现的具体事实，减刑的理由，法律依据及监狱的意见。

（1）提请的事由，即概括说明罪犯因何故提请减刑，具体可表述为：“该犯近期确有 ×××× 表现，具体事实如下：”

（2）悔改或者立功表现（或两种情况都有）的具体事实，是减刑的必备条件和事实依据，是重点内容，应当具体地、详细地叙述清楚。

（3）减刑的理由，首先根据所叙述的具体事实进行分析评论，以简练的语言写出结论性的意见；其次根据有关法律、法规的规定，进行分析说理，使理由合法、有根有据，令人信服。

（4）法律依据及监狱的意见，具体可表述为：“为此，根据《中华人民共和国监狱法》第 ×××× 条、《中华人民共和国刑事诉讼法》第 ×××× 条第 ×× 款的规定，建议对罪犯 ××× 予以减刑。特提请裁定。”

3. 尾部

尾部由主送机关、落款和附件组成。

（1）主送机关，即“此致”“×××× 人民法院”。

（2）落款，即签署制作机关的名称“×××× 监狱”，加盖公章并注明签发日期。

（3）附件，写明附送罪犯服刑改造档案的卷数、册数及页数，如“附：罪犯 ××× 档案共 ×× 卷 ×× 页”。

5.1.2　写作注意事项

叙述减刑的具体事实时应注意以下几点：第一，要实事求是，所写的事实材料必须属实，准确可靠，没有差错；第二，要符合法定条件，突出重点，抓住重要的、典型的事例叙述，突出关键情节或主要立功事实，避免用套话或程式化的语言去代替具体事实的叙述；第三，叙述事实要注意将构成事实的时间、地点、人物、主要情节、经过、原因和结果等要素写清楚。

5.1.3　范文示例

××××监狱

提请减刑建议书

（××××）×监减字第××号

罪犯×××，男，现年××岁，身份证号码××××，×族，籍贯××××，因×××罪由××××人民法院于××××年××月××日以（××××）×××字第××号刑事判决判处××××。于××××年××月××日送我监狱执行劳动改造，现已执行××××。

该犯在服刑改造期间，确有悔改（立功）表现，具体事实如下：

…………

为此，根据《中华人民共和国监狱法》第××××条、《中华人民共和国刑法》第××××条第××款、《中华人民共和国刑事诉讼法》第××××条第××款的规定，建议对罪犯×××予以减刑。特提请裁定。

此致

××××人民法院

××××监狱（印章）

××××年××月××日

附：罪犯×××档案共××卷××页

5.2 监狱起诉意见书

监狱起诉意见书，是指监狱对罪犯在监狱又犯新罪或者发现判决时有漏罪的情况，认为应当追究刑事责任而提出起诉意见，移送人民检察院审查决定时制作的法律文书。

监狱对罪犯在服刑期间又犯罪的，或者发现判决时漏判的罪行，经侦查终结后，认为犯罪事实清楚，证据确凿、充分，应当追究刑事责任，就要制作起诉意见书，连同案卷材料、证据一并移送同级人民检察院审查处理。这是监狱和其他执行机关制作起诉意见书的法律根据。

监狱起诉意见书是监狱要求人民检察院在法定期限内对案件进行审查并作出处理决定的文书，具有向人民检察院提出起诉意见的作用；同时也是人民检察院审查起诉案件的基础和依据，该文书的作用可以促使罪犯认罪服法，接受法律制裁，有利于揭露犯罪行为，惩治罪犯。

5.2.1 格式写法

监狱起诉意见书由首部、正文和尾部三部分组成。

1. 首部

首部应写明标题、文书编号、罪犯的基本情况。

（1）标题，由制作文书的监狱的全称和文书名称组成，分上下两行居中书写。

（2）文书编号，写在标题右下方；一般由立案年度、机关代字、文书代字、发文序号组成，如“（××××）× 监管起字第 ×× 号”。

（3）罪犯的基本情况，应依次写清罪犯的姓名、性别、年龄、出生日期、民族、籍贯、文化程度、原判罪名、原判法院、原判日期、原判决书编号、原判刑种、刑期以及交付执行的日期和执行机关等。

2. 正文

正文包括案由，犯罪事实和证据，提请起诉的理由和法律依据。

（1）案由，应根据统一格式规范填写，写明经审查认定的罪名。如果是犯新罪的，具体可表述为：“现经调查证实，罪犯 ××× 在服刑期间，又犯有下列罪行：……（概括写明罪犯新犯的罪行）”如果发现了判决时所没有发现的应当追究刑事责任的罪行，应表述为：“现经调查证实，罪犯 ××× 在服刑改造期间发现有判决时所没有发现的罪行，其主要事实如下：”

（2）犯罪事实和证据。首先，应写明经监狱调查核实的罪犯又犯新罪或被发现漏罪的犯罪事实。在叙述犯罪事实时，要写明犯罪时间、地点、动机、目的、手段、情节、后果等要素。其次，写明侦查中所获得的能证明犯罪事实存在，已构成犯罪，并需要追究刑事责任的主要证据，比如，有哪些物证、书证、证人证言等。

（3）提请起诉的理由和法律依据。首先，应根据刑法分则的有关规定，结合犯罪构成的要件，概括罪犯在服刑改造期间又犯有或隐瞒什么犯罪事实，阐明罪犯在服刑期间又犯有或隐瞒什么罪行，危害程度如何，造成什么后果，罪犯认罪态度如何。其次，援引有关的刑法条文和刑事诉讼法条款，以确认其应当追究的刑事责任和明确移送审查起诉的法律根据。最后，写明移送审查起诉的法律根据和请求事项。具体可表述为：“综上所述，罪犯 ××× 在服刑改造期间，抗拒改造，在监内又进行 ×××× 犯罪活动，严重破坏了监管秩序，触犯了刑法，已构成重新犯罪。其犯罪事实清楚，证据确凿，本人亦供认不讳，并记录在卷。为此，根据《中华人民共和国刑法》第 ×××× 条和《中华人民共和国刑事诉讼法》第 ×××× 条第 ×× 款的规定，特将此案移送你院审查，依法处理。”

3. 尾部

尾部包括主送机关、落款和附项。

（1）主送机关即致送机关名称，即“此致”“×××× 人民检察院”；在正文左下方分两行书写。

（2）落款，即签署制作机关的名称，注明制作文书的日期，并加盖起诉机关公章。

（3）附项，应注明随同起诉意见书移送的罪犯改造档案的卷数、页数，以及罪犯新犯之罪或漏罪的案卷材料的卷数、页数。

5.2.2 写作注意事项

监狱起诉意见书所叙述的应是有罪材料，有充分证据证明的犯罪事实，而不是一般违反监规监纪、不服管教等错误，不能以错为罪。应紧扣新罪和漏罪。监狱起诉意见书中叙述的犯罪事实，应是罪犯在服刑改造期间发生或在判决时没发现而又应当追究其刑事责任的犯罪事实，不能把已判处刑罚的犯罪事实再写入起诉意见书。

在写作时要做到以下四点：一要客观，实事求是，严禁使用任何不实之词；二要准确，准确贴切地反映事实真相；三要突出主犯，详略得当；四要严格区分罪与非罪的界限，不能以错代罪。

5.2.3 范文示例

××××监狱

起诉意见书

（××××）×监起字第××号

罪犯许××，男，××××年××月××日出生，汉族，原户籍所在地××省××县，因盗窃罪经××省××县人民法院于××××年××月××日以（××××）×刑初字第××号刑事判决书判处有期徒刑××年。于××××年××月××日交付执行，现押我监狱。

现经侦查，罪犯许××在服刑期间涉嫌脱逃、盗窃犯罪，主要事实如下：

该犯××××年××月××日××时××分许，从××××看守所劳动现场钻过铁丝网警戒线逃跑，同年××月××日被抓捕归案，其间，该犯先后流窜到××××、××××、××××等地进行犯罪活动。利用其原来的犯罪伎俩，先后采用××××等手段，作案××起之多，盗窃他人手机××部、自行车××辆、他人钱包××个，共计赃款××××元。该犯将盗窃得来的赃款大部分挥霍，余下的钱款被查获。

综上所述，罪犯许××在服刑改造期间，不认罪伏法，抗拒改造。逃脱后继续进行盗窃犯罪活动。该犯脱逃、盗窃等犯罪事实清楚，证据确凿，本人也供认不讳，并记录在案。

为此，根据《中华人民共和国监狱法》第××××条、《中华人民共和国刑法》第××××条第××款和《中华人民共和国刑事诉讼法》第××××条第××款，特提请你院审查处理。

此致

××市××××人民检察院

××××监狱（公章）

××××年××月××日

附：1. 罪犯许××档案共××卷××页

2. 罪犯许××涉嫌又犯罪的案卷材料共××卷××页

第6章 公证法律文书

公证法律文书是公证机构根据当事人提出的公证申请，按照法定的程序依法证明法律行为及有法律意义的事实或文书的真实性、合法性，以保护公民身份上、财产上的权利和合法利益而制作的各类法律文书的总称。

公证法律文书是公证机构进行公证证明活动的记录和成果，公证的效力和职能作用集中体现在公证文书中。公证法律文书通过文字形式如实记载着办理公证行为的接受申请、审核调查、出具证书三个阶段的工作，详尽地反映了公证活动的整个过程。

6.1 公证申请书

公证申请书是公民、法人、非法人团体向公证机构提出的书面文书，用以请求其依照法定程序对法律行为及有法律意义的事实或文书的真实性、合法性予以证明。

6.1.1 格式写法

公证申请书有文字形式和表格形式。表格形式的公证申请书主要由公证机构向申请人提供，申请人根据实际情况和需要，按照表内各项内容的要求详细填写即可。下面主要介绍文字形式的公证申请书的格式写法。

文字形式的公证申请书一般由首部、正文和尾部三部分组成。

1. 首部

首部包括标题、呈送机关和申请人的基本情况。

（1）公证申请书的标题一般有两种写法：其一，单一标题，即只写文书名称，如“公证申请书”；其二，两要素标题，由公证对象和文书名称组成，如“学位公证申请书”。

（2）呈送机关，即提交公证申请书的机构名称，一般可省略不写。

（3）申请人的基本情况，根据申请人不同而有所差别。申请人如果是个人，应写明姓名、性别、年龄、职业、籍贯、单位、住址、联系方式等内容；委托代理人代为公证的，还应写明代理人的上述情况。申请人如果是法人，应写明单位名称、法定地址、企业性质、开户银行、账号；法定代表人的姓名、性别、年龄、职务、籍贯、电话和住址。委托代理人代为公证的，还应写明代理人的上述情况。

2. 正文

公证申请书的正文应写明以下内容：请求公证的理由；具体事实情况；办理公证所要解决的问题。

3. 尾部

尾部包括附项和落款。

（1）附项，即所提供的证明材料。应逐一说明办理公证所需的证明材料的名称、份数及有关证人的姓名、住址，如法人代表证明、委托书等。

（2）落款，即首先写明申请人或单位，并签字盖章，然后由法定代表人签字或盖章，最后注明申请时间。

6.1.2　写作注意事项

公证申请书应详细、具体、明确地注明申办事项及用途，不能笼统、草率，更不要遮遮掩掩。

附件中提供的证明材料应该详细、全面，便于公证机构进行审查。

6.1.3　范文示例

公证申请书

申请人：×××× 集团有限公司，法定地址：×× 市 ×××× 路 ××

号，开户银行：中国工商银行××××支行，账号：××××。

法定代表人：李××，男，××岁，原籍××市人，现任××××集团有限公司总经理，住××市××××路××号，电话：××××。

委托代理人：张××，男，××岁，原籍××省××县人，现任××××集团有限公司总经理助理，住××市××××路××号，电话：××××。

申办事项：证明《××××集团有限公司和××××公司购销合同》证明文件的副本与原件相符。

附：（略）

××××集团有限公司
法定代表人：李××
××××年××月××日

6.2 证据保全公证书

证据保全公证书，是指在诉讼开始之前，公证机构根据公民、法人或其他组织的申请，将与申请人权益有关的、日后可能灭失或者难以提供的证据加以验证提取，以保持其真实性和证明力所出具的公证书。

根据保全对象及其格式的不同，证据保全公证书分为四类：保全证人证言或当事人陈述公证书、保全物证（书证）公证书、保全视听资料（软件）公证书、保全行为公证书。

6.2.1 格式写法

证据保全公证书由首部、正文和尾部三部分组成。

1. 首部

首部包括标题、文书编号、当事人的基本情况、关系人的基本情况和公证事项。

（1）标题，即在首行居中书写“公证书”。

（2）文书编号，由制作年份、公证机构简称、公证类别代码和公证书编号组成，在标题的右下方、空一行书写，如“（××××）× 公证字第 ×× 号”。

（3）当事人的基本情况，当事人包括申请人和关系人。自然人应写明姓名、性别、出生日期、住址；外国人应注明国籍；法人或非法人组织要写明单位全称，法定代表人的姓名、性别、出生日期。有代理人的，应当写明代理人的基本情况。

（4）关系人的基本情况。若有关系人，应写明关系人的基本情况；若没有关系人，则可以不写。

（5）公证事项，根据保全标的的不同而有不同的表述，如“保全证人证言（当事人陈述）”“保全物证（书证）”“保全视听资料（软件）”。

2. 正文

证据保全公证书的正文根据保全标的、保全方法不同，证词部分有所不同。如保全证人证言或当事人陈述公证书，必须注明申请人的姓名或名称、申请日期及申请事项；证人的基本情况及行为能力；保全证人证言或当事人陈述的时间、地点；保全的方式，包括自书、他人代书、公证人员记录、录音、录像等；保全证据的关键过程，包括参与保全的人员，告知证人（当事人）的权利和义务，公证人员在保全过程中所做的主要工作，通过保全活动取得的证据数量、种类、形式，证人（当事人）对取得的证据予以确认的方式和过程；公证员的结论。

3. 尾部

尾部包括附项和落款。

附项，应写明所附文件的名称及顺序号。

落款，即注明公证机构名称；承办的公证员签名或盖章；公证机构印章；公证生效日期。

6.2.2　写作注意事项

书写证据保全公证书的证词部分要求内容真实、合法；文字简明、扼要；语言准确易懂，用词规范。

对保全的书证、物证、视听资料要加强保管，对计算机软盘、录影录像磁带等应制作备份并定期复制，防止证据灭失。

6.2.3 范文示例

保全书证（物证）公证书

（××××）×公证字第××号

申请人：××××，住所地：××省××市××××街××号。

法定代表人：×××，身份证号码：××××。

委托代理人：×××，男，××××年××月××日出生，身份证号码：××××，现住××省××市××××街××号。

关系人：×××，男，××××年××月××日出生，身份证号码：××××，现住××省××市××××街××号。

公证事项：保全待拆迁的房屋。

申请人××××因建设需要，拟拆除坐落在××××（具体地址）的房屋。鉴于该房屋现由×××代管（或鉴于房屋有产权纠纷或鉴于该房屋设有抵押权），特委托代理人×××于××××年××月××日来到我处，申请对该房屋进行保全证据。

根据《中华人民共和国公证暂行条例》和《国有土地上房屋征收与补偿条例》的规定，本公证员与公证人员张××于××××年××月××日，与×××、勘测人员周××（性别、工作单位、职务或职称）、拍摄人员徐××对上述房屋进行勘测，制作勘测文件××份，拍摄照片××张，公证人员张××现场制作了《工作记录》一份共××页。见证人×××、×××（性别、年龄、住址、身份证号码）在场。

兹证明与本公证书相粘连的《××××勘测文件》《工作记录》的复印件与原件内容相符，原件上×××、周××、×××的签名属实；本公证书所附照片共××张为徐××现场拍摄，与房屋的实际情况相符，照片底片保存于我处。

附：（略）

中华人民共和国 ×× 省 ×× 市公证处

公证员：×××

×××× 年 ×× 月 ×× 日

6.3　合同类公证书

合同类公证书，是指公证机构根据当事人的申请，依照法律程序，对当事人之间签订合同的行为真实、合法所出具的一种公证书。

合同类公证书可以帮助签约各方当事人完善合同条款，明确各方的权利、义务和违约责任，从而避免发生纠纷；即使发生纠纷，合同类公证书也可以直接作为仲裁机构或人民法院认定案件事实的依据，使合同纠纷得以顺利解决。

6.3.1　格式写法

合同类公证书一般由首部、正文和尾部三部分组成。

1. 首部

首部包括标题、文书编号、当事人的基本情况和公证事项等要素。

（1）标题，即文书名称“公证书”。

（2）文书编号，由制作年份、公证处简称、公证类别代码和公证书编号组成，书写在标题右下方，如“（××××）× 公证字第 ×× 号”。

（3）当事人的基本情况。当事人，即合同当事人，其称谓和具体事项可表述为“申请人：甲（基本情况）”“乙（基本情况）”“丙（基本情况）”等。

（4）公证事项，即合同的名称或者类别，如“土地使用权出让（转让）合同”“商品房买卖合同”等。

2. 正文

正文包括申请人全称或姓名、申请日期及申请事项；公证处审查（查明）的事实；公证结论。下面着重介绍一下公证处审查（查明）的事实和公证结论的写法。

公证处审查（查明）的事实包括当事人的身份、资格及签订合同的民事权利能力和行为能力；代理人的身份和代理权限；担保人的身份、资格和担保能力；当事人签订合同的意思表示是否真实，是否对合同的主要条款取得了一致意见；合同条款是否完备，内容是否明确、具体；是否履行了法律规定的批准或者许可手续。

公证结论包括当事人签订合同的日期、地点、方式等；当事人签订合同行为的合法性；合同内容的合法性；当事人在合同上的签字、盖章的真实性。

3. 尾部

尾部应注明公证机构的全称、公证员签名、公证生效日期。

6.3.2 写作注意事项

制作合同类公证书之前，一定要审查当事人的行为能力和签订合同的意思表示是否真实，合同的内容和形式是否真实、合法。

合同类公证书的申请人应为合同当事人，有数人时，应一并列明。

对于法律规定合同需经登记或批准方能生效的，公证书应予以注明。

6.3.3 范文示例

公证书

（××××）×证字第××号

申请人：×××，男，××××年××月××日出生，现住××省××县××镇××××街××号，身份证号：××××。

×××，男，××××年××月××日出生，现住××省××县××镇××××街××号，身份证号：××××。

×××，女，××××年××月××日出生，现住××省××县××镇××××街××号，身份证号：××××。

公证事项：房屋买卖合同

当事人双方于 ×××× 年 ×× 月 ×× 日向本处申请办理房屋买卖合同公证。

经查，当事人双方经协商一致订立了《房屋买卖合同》。双方在订立合同时均具有法律规定的民事权利能力和民事行为能力，双方订立合同的意思表示真实。

依据上述事实，兹证明 ×××、××× 与 ××× 于 ×××× 年 ×× 月 ×× 日来到本公证处，在本公证员的面前，签订了《房屋买卖合同》，双方的签约行为符合《中华人民共和国民法典》第 ×××× 条的规定，合同上双方的签名、手印均属实。

中华人民共和国 ×× 省 ×× 县公证处

公证员：×××

×××× 年 ×× 月 ×× 日

6.4　现场监督类公证书

现场监督类公证书，是指公证机构根据自然人、法人或者其他组织的申请，依照法定程序和预定规则对拍卖活动、招标投标活动、各类开奖活动、公司创立大会、股票认购证抽签等进行现场监督时所出具的公证书。

现场监督类公证书反映的是一种特殊的公证活动，一般包括通知、回应、现场活动的实施和确认结果等环节，公证词要在活动现场即时发布。公证人员通过对现场活动进行监督，依法证明活动的真实性与合法性，其法律效果得到社会公众的接受与依赖，成为实现社会公平和正义，体现公信力的有效法律保障。

现场监督类公证书主要有招标公证书、拍卖公证书、开奖活动公证书、公司创立大会公证书和股票认购证抽签公证书等。

6.4.1　格式写法

现场监督类公证书一般由首部、正文和尾部三部分组成。

1. 首部

首部包括标题、文书编号、申请人的基本情况和公证事项。

（1）标题，即“公证书”，首行居中书写。

（2）文书编号，由制作年份、公证处简称、公证类别代码和公证书编号组成，写在标题下空一行的右下方。

（3）申请人的基本情况，分为自然人、法人或非法人组织两种情况。申请人为自然人的，应写明姓名、性别、出生日期、住址、身份证号码；申请人有代理人的，还应写明代理人的姓名、性别、出生日期。申请人为法人或非法人组织的，应依次写明组织全称、地址、统一社会信用代码，法定代表人或代理人的姓名、性别、出生日期。申请人有多人时应一一列明。

（4）公证事项，单列一行写明公证的具体名称或类别，如“公证事项：股票认购证抽签”。

2. 正文

正文部分包括：申请人全称或姓名、申请日期及申请事项；公证处审查的事实；公证结论。具体表述要根据现场活动的性质、特点、参加人、活动内容、适用法律情况来确定。

3. 尾部

尾部包括附项和落款。

附项，即写明所附文件的名称及顺序号。

落款，即注明公证机构名称；承办的公证员签名或盖章；公证机构印章；公证生效日期。

6.4.2 写作注意事项

现场监督类公证书的语言要流畅，符合口语习惯，易于宣读，要与拍卖、招标、开奖、创立大会、抽签现场的气氛相吻合，切忌僵化、呆板；并要有“对本次××××（拍卖、招标、开奖、创立大会、抽签）过程及××××（拍卖、招标、开奖、创立大会、抽签）结果的合法有效性，本公证处日后将以书面形式予以确认”的内容。

现场监督类公证书必须根据现场公证词制作，要充分反映公证词的核心内容，但是不能照抄公证词，内容方面应该更加严谨，更加规范。

6.4.3 范文示例

公证书

（××××）××× 字第 ×× 号

申请人：××××

公证事项：×××× 股份有限公司创立大会暨第一届股东代表大会

根据 ×××× 股份有限公司筹委会申请，公证员 ×××、××× 对 ×××× 年 ×× 月 ×× 日在 ××××（地点）举行的 ×××× 股份有限公司创立大会暨第一届股东代表大会进行了现场公证。

经审查，公司发起人……符合法律规定的条件，公司筹委会所提交的设立公司的 ××××（列明发文单位名称、文件名称及文件编号）批准文件和 ××××（验资单位名称）出具的验资证明是法定机构出具的。

经审查监督，×××× 股份有限公司创立大会暨第一届股东代表大会的股东及股东代理人共 ×× 名（其中股东代理人 ×× 名）代表股份 ×××× 万股，占全部股份总额的 ××%。上述股东及股东代理人代表资格合法，所代表的股份符合法定数额，创立大会由 ××× 主持，并以投票表决方式通过了以下决议：

一、通过了发起人关于筹办公司的情况报告。×× 名赞成，代表股份 ×××× 万股；×× 名反对，代表股份 ××× 万股；× 名弃权，代表股份 ×× 万股。

二、通过了公司章程。×× 名赞成，代表股份 ×××× 万股；×× 名反对，代表股份 ××× 万股；× 名弃权，代表股份 ×× 万股（公司章程如未获得通过亦应注明表决结果）。

三、选举 ×××、×××、×××（当选董事姓名）为公司董事，组成公司第一届董事会。×× 名赞成，代表股份 ×××× 万股；×× 名反对，代表股份 ××× 万股；× 名弃权，代表股份 ×× 万股（当选董事会得票率不同应具体注明或将表决记录作为公证书附件）。

四、选举 ×××、×××、×××（当选监事姓名）为公司监事，组成公司第一届监事会。×× 名赞成，代表股份 ×××× 万股；×× 名反对，

代表股份 ××× 万股；× 名弃权，代表股份 ×× 万股（当选监事会得票率不同应具体注明或将表决记录作为公证书附件）。

…………（大会通过其他决议及表决结果应逐项列明）

经审查监督，×××× 股份有限公司创立大会暨第一届股东代表大会的会议程序、表决方式及所通过各项决议真实、合法、有效。公证员 ×××、××× 及记录员 ××× 在创立大会暨第一届股东代表大会会议记录上的签名（印章）属实。

下列附件是本公证书的组成部分：

1. 出席 ×××× 股份有限公司创立大会暨第一届股东代表大会的股东及其代表人名单

2. 由监票人、计票人签名的董事会选举结果

3. 由监票人、计票人签名的监事会选举结果

4. 创立大会暨第一届股东代表大会会议记录

中华人民共和国 ×× 省 ×× 市公证处

公证员：×××　×××

×××× 年 ×× 月 ×× 日

6.5 继承公证书

继承公证书，是公证机构根据被继承人的申请，依照法律规定证明继承人对被继承人的遗产享有继承权并证明其继承活动真实、合法时所出具的一种公证文书。

继承公证书包括法定继承公证书、遗嘱继承公证书、接受遗赠公证书、涉外及涉港澳台继承公证书等。

6.5.1 格式写法

继承公证书一般由首部、正文和尾部三部分组成。

1. 首部

首部包括标题、文书编号和当事人的基本情况。

（1）标题，即“公证书”，首行居中书写。

（2）文书编号，由制作年份、公证处简称、公证类别代码和公证书编号组成，写在标题下空一行右下方。

（3）当事人的基本情况，应当逐一列明继承人（受遗赠人）、被继承人（遗赠人）的姓名、性别等基本情况。

2. 正文

正文部分主要包括五个方面的内容：第一，写明继承得以发生的客观事实，即被继承人死亡日期、地址和原因；第二，写明被继承财产的名称和权属性质；第三，写明继承形式，是遗嘱继承还是法定继承，如果是遗嘱继承，应写明所依据的遗嘱公证书编号；第四，写明继承人；第五，写明公证结论。

继承公证书正文的表述因继承的种类、内容不同而有所不同，下面主要介绍三种写法。

法定继承公证书，其正文可表述为：“查×××（被继承人）于××××年××月××日在××××（地名）死亡，死亡后在××××（地名）留有××××、××××（遗产名称、数量等）。死者生前无遗嘱。根据《中华人民共和国民法典》的规定，死者的××××、××××（遗产名称、数量等），应由其妻子×××、儿子×××继承。”

遗嘱继承公证书，其正文可表述为：“查×××（被继承人）于××××年××月××日在××××（地名）死亡，死亡后在××××（地名）留有××××、××××（遗产名称、数量等）。死者生前立有公证（或自书、代书等）遗嘱。根据《中华人民共和国民法典》和死者遗嘱，死者的××××、××××（遗产名称、数量等）应由×××（遗嘱继承人姓名）继承。”

接受遗赠公证书，其正文可表述为：“查×××（遗赠人）于××××年××月××日在××××（地名）死亡，死亡后在××××（地名）留有××××、××××（遗产名称、数量等）。死者生前立有公证（或自书、代书等）遗嘱。根据《中华人民共和国民法典》和死者遗嘱，死者将××××、××××（遗产名称、数量等）赠给×××（受遗赠人姓名），×××（受遗赠人姓名）同意接受死者的上述遗产。”

3. 尾部

尾部应注明公证机构名称、承办的公证员签名、公证生效日期。

6.5.2 写作注意事项

不动产继承，应到不动产所在地的公证处申请公证。如果是多个继承人的，则必须到同一个公证处申请公证。如果是几个公证处都有管辖权的，当事人可以协商去一个公证处公证。

遗产的名称、继承人与被继承人的关系、有无放弃继承权的情况，以及有无代位继承、转继承的情况，应当在继承公证书中写清楚。

6.5.3 范文示例

公证书

（××××）××× 字第 ×× 号

继承人：×××，男，×××× 年 ×× 月 ×× 日出生，住 ×× 省 ×× 市 ×××× 街 ×× 号。

被继承人：×××，男，×××× 年 ×× 月 ×× 日出生，生前住 ×× 省 ×× 市 ×××× 街 ×× 号。

查 ××× 于 ×××× 年 ×× 月 ×× 日在 ××××（地名）死亡，死亡后在 ××××（地名）留有房屋 ×× 间，死者生前立有遗嘱。根据死者遗嘱，死者 ××× 的遗产应由 ××× 继承。

中华人民共和国 ×× 省 ×× 市公证处

公证员：×××

×××× 年 ×× 月 ×× 日

第 7 章 仲裁法律文书

仲裁法律文书是指仲裁机构根据当事人的申请，依据法律程序和仲裁规则处理合同纠纷、劳动争议时所制作的具有法律意义或法律效力的文书。

仲裁法律文书是仲裁机构进行仲裁活动的文字凭证和忠实记录。

仲裁法律文书对于解决合同纠纷及有关争议、保障当事人的合法权益，有着重要的作用。

7.1 仲裁协议

仲裁协议，即在自愿、协商、平等互利的基础之上，当事人将他们之间已经发生或可能发生的争议提交仲裁机构解决的书面文件。

仲裁协议有两种表现方式：合同中的仲裁条款和专门的仲裁协议。专门的仲裁协议，是指公民、法人和其他组织之间订立的，一致表示愿意将他们之间已经发生或可能发生的争议提交仲裁解决的单独的协议。这种仲裁协议是在合同中没有规定仲裁条款的情况下，双方当事人为了专门约定仲裁内容而单独订立的一种协议。

仲裁协议适用于平等主体的公民、法人和其他组织之间发生的合同纠纷和其他财产权益纠纷，但不适用于下列纠纷：婚姻、收养、监护、抚养、继承纠纷，这些纠纷应当依法由行政机关处理。

仲裁协议可以在争议发生之前订立，也可以在争议发生之后订立。

仲裁协议是当事人提请仲裁机构解决纠纷的法律依据。发生了争议，任何一方当事人都可向协议中约定的仲裁机构提请仲裁，不得任意改变仲裁机构或仲裁地点。发生了争议，任何一方当事人提请仲裁后，另一方在规定的期限内不指定仲裁员的、不答辩的或不出庭应诉的，仲裁机构有权代为指定仲裁员，仲裁机构有权进行缺席审理并作出缺席裁决。同时，仲裁协议也是仲裁机构受理仲裁申请的依据，当事人的仲裁请求事项或反诉请求事项超出协议中约定范围的，仲裁机构不能审理。凡订有仲裁协议的，除仲裁协议无效的情况外，当事人不得向法院起诉。仲裁机构根据当事人的约定或适用仲裁规则的规定，作出的裁决是终局的。任何一方当事人不得向法院要求予以更改。

7.1.1 格式写法

仲裁协议一般由首部、正文和尾部三部分组成。

1. 首部

首部包括标题和当事人的基本情况。

（1）标题，即“仲裁协议”，首行居中书写。

（2）当事人的基本情况，包括申请人的基本情况和被申请人的基本情况。

申请人是自然人的，应写明当事人的姓名、性别、年龄、职业、联系方式、工作单位和住所；申请人是法人或其他组织的，则应写明组织的全称、地址及法定代表人的姓名和职务。申请人有委托代理人的，应写明委托代理人的姓名、单位名称等事项。

被申请人的基本情况写法与申请人的基本情况相同。

2. 正文

仲裁协议的正文应包括如下内容：

（1）请求仲裁的意思表示和选定的仲裁委员会。写明当事人在发生纠纷时有共同提请选定的仲裁机构仲裁的意愿。具体可表述为：“当事人愿意提请××××仲裁委员会按照《中华人民共和国仲裁法》的规定，仲裁如下争议：”

（2）仲裁事项，即写明提交仲裁的各种争议事项。约定的仲裁事项应在法律规定的仲裁范围内；超出法律规定的仲裁范围的无效；必须明确约定，不可疏漏。争议事项较多时，可以分项列出。

3. 尾部

尾部应写明双方当事人的名称、地址、电话号码，并由当事人签字盖章，最后写明签订仲裁协议的日期。

7.1.2　写作注意事项

仲裁协议必须是书面的，而且所仲裁的争议事项必须是可仲裁的。当事人必须具有订立仲裁协议的行为能力，形式和内容也必须是合法的，否则视为无效。

仲裁协议一定要写得明确、具体，切忌模棱两可。尤其在仲裁委员会的选定上，应明确由哪个仲裁委员会仲裁。

7.1.3　范文示例

仲裁协议

当事人(甲方)：××××有限公司，住所：××市××××路××号。

法定代表人：王××，男，××岁，该公司总经理。

当事人（乙方）：××××公司，住所：××市××××路××号。

法定代表人：李××，男，××岁，该公司经理。

当事人双方自愿提请××市仲裁委员会按照《中华人民共和国仲裁法》的规定，仲裁如下争议：

1. ……

2. ……

3. ……

…………

当事人名称：××××有限公司	当事人名称：××××公司
法定代表人：×××	法定代表人：×××
地址：××××	地址：××××
××××年××月××日	××××年××月××日

7.2 仲裁申请书

仲裁申请书是指平等主体的公民、法人或其他组织之间发生合同纠纷，一方当事人根据双方当事人事前订立的仲裁协议，将已经发生的争议提请仲裁机构仲裁时所制作的法律文书。

仲裁申请书是当事人行使仲裁申请权的重要工具，也是仲裁机构启动仲裁程序、调解或裁决仲裁案件的基础。

7.2.1 格式写法

仲裁申请书由首部、正文和尾部三部分组成。

1. 首部

首部包括标题和当事人的基本情况。

（1）标题，即文书名称“仲裁申请书”，在文书首页顶端居中书写。

（2）当事人的基本情况。当事人包括申请人和被申请人。当事人是自然人的，应写明当事人的姓名、性别、出生日期、职业、工作单位及职务、住所等；当事人是法人或其他组织的，应写明单位名称、住所地和法定代表人或者主要负责人的姓名、职务。当事人委托了仲裁代理人的，可在其项下写明委托代理人的姓名、单位及其地址、电话号码或律师姓名、所在律师事务所名称。

2. 正文

正文部分包括：案由；仲裁请求事项；申请仲裁的事实和理由；申请仲裁的证据和证据来源，证人姓名和住所。

（1）案由，即简明扼要地写明申请人提请仲裁申请的根据，争议性质和要求，以及收受该申请书的仲裁机构名称。

（2）仲裁请求事项一般包括两项内容：一是要求提起仲裁程序；二是在经济争议方面，依法向对方当事人提出具体要求。

（3）申请仲裁的事实和理由。首先，应写明纠纷发生的时间、地点、原因、经过、结果等，并重点写明当事人之间争议的由来，发生、发展的经过；当事人之间权益争议的具体内容和焦点；实事求是地说明被申请人应当承担的责任。其次，根据事实和证据概括地分析双方争议的性质，被申请人违约所造成的后果及其应承担的责任。

（4）申请仲裁的证据和证据来源，证人姓名和住所，即列举能够证明案件事实和仲裁请求的各种证据及其来源。

3. 尾部

尾部包括致送机关、落款和附项。

（1）致送机关，即仲裁机构名称；正文下方分两行书写“此致”“××××仲裁委员会”。

（2）落款，即由申请人签名或盖章；如委托仲裁代理人，代理人也应签名或盖章。同时注明申请仲裁的日期。

（3）附项，即写明仲裁申请书里所列的书面证据和证明文件及副本份数。

7.2.2　写作注意事项

撰写仲裁申请书必须以仲裁协议或仲裁条款为依据，没有仲裁协议或仲裁条款，仲裁机构不予受理。

在撰写仲裁申请书中的请求事项时，应当内容明确、具体。

对申请仲裁的理由的论述要充分、严谨。

7.2.3　范文示例

仲裁申请书

申请人：×××× 建设工程有限公司，住所地：×× 市 ×× 区 ×××× 路 ×× 号，邮政编码：××××，电话：××××，传真：××××。

法定代表人：张 ××，该公司总经理。

被申请人：×××× 有限公司，住所地：×× 市 ×× 区 ×××× 路 ×× 号，邮政编码：××××，电话：××××，传真：××××。

法定代表人：李 ××，该公司总经理。

案由：建设工程施工合同纠纷。

仲裁请求：

一、裁令被申请人支付钢结构屋面工程款××××万元（不含税金及其他费用）；

二、裁令被申请人承担全部仲裁费用。

事实和理由：

××××年，经建设工程招投标，被申请人与申请人于××××年××月××日签订《建设工程施工合同》，合同约定申请人承揽建设被申请人××××训练馆工程项目，合同就工程内容、承包范围、合同价款及支付方式期限等进行了约定。合同签订后，申请人及时履行合同义务，于××××年××月完成施工。××××年××月，申请人与被申请人进行结算时，被申请人提出工程中钢结构屋面按照含钢量进行结算，双方发生争议。

申请人和被申请人在招投标过程中、签订合同时以及施工过程中，均约定钢结构屋面按××××元/m²（成活价）计算，并未进行变更。申请人完成××××m²钢结构屋面工程，被申请人应当按照约定支付钢结构屋面工程款××××万元，被申请人按照钢结构屋面含钢量进行结算不符合合同约定和法律规定。

综上，根据法律法规规定和《建设工程施工合同》中仲裁条款的约定，特申请予以仲裁。

此致

××××仲裁委员会

申请人：××××建设工程有限公司

××××年××月××日

附：（略）

7.3　仲裁答辩书

仲裁机构在收到仲裁申请书后，会在仲裁规则规定的期限内作出受理或不受理的决定，并通知当事人。被申请人收到仲裁申请书副本后，应当在仲裁规则规定的期限内向仲裁委员会提交答辩书。仲裁答辩书，即在仲裁过程中，由仲裁案件的被申请人针对申请人在仲裁申请书所提出的要求和理由进行书面答复和辩驳的法律文书。

仲裁答辩书是非常重要的仲裁文书。被申请人通过向仲裁委员会提交答辩书，可以表明自己对申请仲裁请求的态度和所持的观点，并有助于仲裁机构全面了解案情，掌握双方当事人争执的焦点，从而查明案件事实。因此，被申请人对仲裁答辩书应当给予足够的重视。

7.3.1　格式写法

仲裁答辩书一般由首部、正文和尾部三部分组成。

1. 首部

首部包括标题和答辩人的基本情况。

（1）标题，即在文书首页顶端居中写“仲裁答辩书”。

（2）答辩人的基本情况。答辩人是自然人的，应当写明答辩人的姓名、性别、年龄、职业、工作单位和住所。答辩人是法人或其他组织的，应当写明法人和其他组织的名称、住所地和法定代表人或者主要负责人的姓名、职务。答辩人委托律师或者其他代理人参加仲裁活动的，还应当写明委托代理人的基本情况。

2. 正文

正文包括案由、答辩理由和答辩意见。

（1）案由，即简要写明被申请人针对申请人提出的仲裁案件进行答辩。具体可表述为：“我方就申请人 ××× 因与我方之间发生的 ×××× 争议向你会提出的仲裁请求，提出答辩如下：”

（2）答辩理由。答辩人针对申请人所提出的仲裁请求逐项给予明确答复，清楚地表明自己的主张和理由，陈述正确的部分要予以肯定，对有异议的部分，要重点给予答辩。一般先就事实部分进行答辩，即对申请人的仲裁请求是否符合实际表明意见，同时提出相关客观真实的数据加以证明，然后再从法律上进行辩驳。

（3）答辩意见。提出答辩人的主张及要求，请求仲裁机构在裁决时予以考虑。

3. 尾部

尾部包括致送机关、落款和附项。

（1）致送机关，即在正文左下角空两格写“此致”，下一行顶格写仲裁机构的名称。

（2）落款，即答辩人签名、盖章，并注明答辩日期。

（3）附项，即注明本仲裁答辩书副本的份数，以及证据的名称与份数。

7.3.2 写作注意事项

撰写仲裁答辩书时，必须采取实事求是的态度，辩解有理有据，不能歪曲事实、无理强辩。

仲裁答辩书必须具有针对性，既要运用事实和证据揭示当事人在仲裁申请书中提出的不当之处，又要充分论证自己的主张的正确性和合法性。

反驳对方的主张或提出自己的主张时，一定要列举客观事实、恰当的证据。

7.3.3 范文示例

仲裁答辩书

答辩人：×××× 家具（中国）销售中心

地址：×× 市 ×× 区 ×××× 路

法定代表人：郑 ××；职务：总经理

委托代理人：赵 ××，×× 市 ×××× 律师事务所律师

答辩人于 ×××× 年 ×× 月 ×× 日收到你会转来 ×× 市 ×××× 有限公司的仲裁申请书。现提出答辩如下：

1．答辩人与申请人于 ×××× 年 ×× 月订立的销售合同，是双方真实的意思表示。其中对生产设备的价款约定，是双方共同协商的结果，并无强迫对方接受之举措（证据一：双方会谈纪要）。

2．答辩人依约全部履行了义务。在此期间，申请人从未提出任何异议。

3．申请人交付答辩人的 ×××× 万美元货款，扣除该套设备款以及各种必要开支，实际所剩无几，答辩人实际只得到不足 ×× 万美元（证据二：各种费用票据）。按照国际贸易惯例……

综上所述，申请人所提要求无事实和法律依据，纯属无理，应予驳回。

此致

×××× 经济贸易仲裁委员会

答辩人：×××× 家具（中国）销售中心

×××× 年 ×× 月 ×× 日

附：（略）

7.4　仲裁反诉书

仲裁反诉书，即在仲裁程序开始后，被申请人就其余申请人之间的同一纠纷问题，提出相反的仲裁请求的法律文书。

提起仲裁反诉是仲裁活动中被申请人的一项申请仲裁的权利。但是在提起仲裁反诉时应当符合下列条件：其一，反诉可以单独提出，也可以与答辩一起提出；其二，反诉书应当是以单独形式提出反诉的一种书面请求；其三，反诉人应是本诉中的被申请人，而其所提出的反诉请求应与本诉基于同一法律关系，否则不能构成本诉法律关系中的反诉；同时，反诉的请求标的应与本诉不同，否则只能视为答辩，不能视为反诉。

7.4.1　格式写法

仲裁反诉书由首部、正文和尾部三部分组成。

1. 首部

首部包括标题和当事人的基本情况。

（1）标题，即在文书首页居中书写文书名称“仲裁反诉状”。

（2）当事人的基本情况，要写明“反诉人”“被反诉人”，并用括号注明双方在原仲裁中的地位。

2. 正文

正文应包括下列内容：

（1）反驳对方的仲裁请求和所依据的事实理由，充分论证对方的仲裁请求不能成立或不能完全成立。

（2）提出自己的反诉请求、事实与理由。仲裁反诉书实质上就是一个独立的仲裁申请书，所以应当明确提出自己的仲裁请求，不能只反驳申请人的请求，而忘了提出自己的请求事项。

（3）写明证据和证据来源，以及证人姓名和住所，即有关证据的名称及所能证明的有关事实，有关证据的来源及取得方式，证人证言的内容及证人的姓名和住所。

3. 尾部

尾部包括致送机关、落款和附项。

（1）致送机关，即在正文左下角空两格写“此致”，下一行顶格写明致送的仲裁机构名称。

（2）落款，即签署反诉人的名字或名称，反诉人是法人或其他组织的，要加盖公章。另起一行对应位置注明制作仲裁反诉书的日期。

（3）附项，即写明本仲裁反诉书副本的份数，提交的物证或书证的名称和份数。

7.4.2 写作注意事项

制作仲裁反诉书时，在正文中的理由部分，除应论证申请人的仲裁请求不能成立或者不能完全成立外，还应重点论证自己所提出的仲裁请求的合理性与合法性，说明自己的仲裁请求成立，请求仲裁机构支持。

在制作仲裁反诉书正文的理由部分时，应当将论述与反驳并存，一般先证明对方所提供事实与证据虚假，因而不能成立，或者说明对方的主张没有法律依据或与法律相抵触，再证明自己所提事实的真实性和请求的合法性。

7.4.3 范文示例

仲裁反诉书

反诉人（被申请人）：××××商场，××市××区××××街××号

法定代表人：张××，××××商场总经理

被反诉人（申请人）：××××服装厂，××市××区××××路××号

法定代表人：曾×××，××××服装厂厂长

反诉请求：

1. 要求裁定被反诉人赔偿因其不按期交货和货物质量不符合合同规定而给我商场造成的经济损失××××万元。

2. 仲裁费用由被反诉人负担。

我商场与××××服装厂于××××年××月在本市签订订购男式毛涤西装××××套，款式按××××式制作；女式毛涤西装××××套，款式按××××式制作。交货日期为××××年××月××日。签约之日，我方已付定金××万元，其余货款××万元约定于全部货物交齐后一次付清。合同规定，如对方延误交货时间或产品质量发生问题，则需根据给我方造成的损失情况，经有关部门进行鉴定，根据鉴定意见……在合同执行过程中，××××服装厂对女式毛涤西装××××套按期交货，但存在较严重的质量问题，现已经本市技术监督局做出质量鉴定。而男式毛涤西装则延误一个月交货，错过了最佳销售季节。因此，我商场未能付给该服装厂所余货款。现××××服装厂依据合同中仲裁条款向贵仲裁委员会提出申请，而我商场亦依法对××××服装厂提出反诉。一是我商场预定的××××套女式西装存在严重质量问题，二是××××套男式西装延迟交货一个月，均给我商场造成了一定的经济损失。目前仍积压该西装近××××套。

此致

××××仲裁委员会

反诉人：××××商场

法定代表人：张××

××××年××月××日

附：1. 反诉状副本××份

2. 我商场经济损失明细表××张

7.5 仲裁调解书

仲裁机构在作出裁决前，双方当事人可以先行调解。当事人自愿调解的，仲裁机构应当调解。调解不成的，仲裁机构应当及时作出裁决。调解达成协议的，仲裁机构应当制作调解书。

仲裁调解书，是指仲裁机构通过调解的方式来解决仲裁纠纷时所制作的具有法律效力的文书。

仲裁调解书一般只适用于国内仲裁，而不适用于涉外仲裁，其法律效力与仲裁裁决书相同。

7.5.1 格式写法

仲裁调解书一般由首部、正文和尾部三部分组成。

1. 首部

首部包括标题、文书编号和当事人的基本情况。

（1）标题，由仲裁委员会全称和文书名称组成，文书首页顶端两行居中书写，如“××××仲裁委员会”“仲裁调解书”。

（2）文书编号，由制作年份、仲裁机构简称、仲裁类别代码和调解书编号组成，写在标题下空一行右下方。

（3）当事人的基本情况，按仲裁申请人和被申请人的顺序书写，有代理人的，要分别写明。

2. 正文

正文应包括引言、案件事实和调解协议。

（1）引言，写明案件的程序事项。这部分内容包括仲裁委员会受案所依据的仲裁协议和当事人的仲裁申请；争议的性质；仲裁员的指定和仲裁庭的组成；书面审理或开庭审理的情况；仲裁文件的提交和送达情况等。

（2）案件事实，应简要叙述争议发生的原因、经过，争执的焦点，请求事项等内容。对于其中的仲裁请求，应当根据申请人的仲裁申请书以及仲裁请求写清楚、完整。

（3）调解协议，写明当事人达成的调解协议的具体内容，既包括实体权利争议所达成的协议内容，也包括有关仲裁费用分担的内容；并且注明调解书的法律效力。

3. 尾部

尾部包括仲裁调解书的生效日期和落款。

（1）写明仲裁调解书的生效日期。具体可表述为："本调解书与裁决书具有同等法律效力，自双方当事人签收之日起生效。"

（2）落款，即仲裁员在调解书的右下方署名，下一行写明调解书的制作日期，并在日期上加盖仲裁委员会印章。

7.5.2　写作注意事项

仲裁调解书的内容必须符合法律规定，不得损害国家、集体和他人的合法权益。

仲裁调解书必须是当事人自愿达成的协议，经过双方当事人签收后才发生法律效力，只要有一方不签收，仲裁调解书就无效。

仲裁调解书经当事人签收后，即发生法律效力。在调解书签收前当事人反悔的，仲裁机构应当及时作出裁决。

7.5.3 范文示例

××××仲裁委员会

调解书

（××××）××仲调字第×号

申请人：××××食品厂；地址：××××

法定代表人：×××

委托代理人：×××，××××律师事务所律师

被申请人：××××副食店；地址：××××

法定代表人：×××

委托代理人：×××，××××律师事务所律师

申请人××××食品厂以被申请人拖欠货款为由，根据双方事先签订的仲裁协议，申请××××仲裁委员会予以仲裁。被申请人××××副食店则认为××××食品厂××××年××月至××月提供的产品存在质量问题，故未付此期间的货款，也同意××××仲裁委员会予以仲裁。

经审理查明：上列双方当事人于××××年××月××日在本市签订了一份速冻食品的购销合同。其中由申请人按月向被申请人提供××××，货款按月于月底结算。该合同还约定了如遇纠纷，将申请××××仲裁委员会仲裁。在执行过程中，申请人均按合同规定的时间、品种、规格履行了合同。但被申请人却连续××月未付货款。虽经申请人多次催讨，被申请人却一直借口资金紧张，未获解决。现又以××××供货存在质量为由，拒不给付所欠货款。故此，双方发生争执。关于××××期间的冷冻食品，在××××副食店收货时和收货后并未提出存在质量问题，经市质量技术监督部门对所余少量食品予以检验，亦未发现质量问题。

本会认为，在上述纠纷事实中，申请人已按合同规定履行了自己的义务，产品也未发现质量问题，被申请人拖欠货款，明显违约，所谓产品质量问题实系被申请人拖欠货款的一种借口，故不应支持。

本案在审理过程中，经本庭主持调解，双方当事人自愿达成如下协议：

一、被申请人在收到本调解书之日起××日内向申请人付清所欠货款

××××元。

二、本案仲裁费用共××××元，由申请人与被申请人平均负担。

上述协议，符合有关法律规定，本庭予以确认。

本调解书经双方当事人签收后，即具有法律效力。

仲裁员：×××

××××年××月××日

（××××仲裁委员会印章）

7.6　仲裁裁决书

仲裁裁决书，是指仲裁机构根据当事人的申请，依照法定程序，对当事人之间的纠纷进行审理后，就实体问题作出的书面处理决定。

仲裁裁决书是仲裁机构行使仲裁权的集中体现，是确定当事人权利义务的重要法律文件。仲裁裁决书既反映了仲裁机构审理案件的水平和公正性，又直接影响仲裁机构的声誉和形象。一份好的裁决书，不但可以有效地约束双方当事人，而且可以迅速有效地化解当事人之间的矛盾，维护当事人的合法权益。

仲裁裁决作出后，任何一方当事人不得向人民法院起诉，也不得向任何其他机构包括仲裁机构提出变更仲裁裁决的请求。同时，当事人必须按照生效裁决的内容自动履行裁决，一方逾期不履行义务的，对方当事人可以申请人民法院强制执行。

7.6.1　格式写法

仲裁裁决书由首部、正文和尾部三部分组成。

1. 首部

首部包括标题、文书编号和当事人的基本情况。

（1）标题，由制作机关名称和文书名称组成；在文书首页顶端分两行居中书写“××××仲裁委员会”“仲裁裁决书”。

（2）文书编号，由制作年份、仲裁机构简称、仲裁类别代码和调解书编号组成；在标题的右下空一行方书写“（××××）×仲裁字第××号”。

（3）当事人的基本情况，包括申请人和被申请人的基本情况。其写法与仲裁申请书相同。当事人是自然人的，写明当事人的姓名、性别、出生日期、职业、工作单位及职务、住所等；当事人是法人或其他组织的，写明单位名称、住所地和法定代表人或者主要负责人的姓名、职务。当事人委托仲裁代理人的，可在其项后写明代理人的姓名、单位及其地址、电话号码或律师姓名、所在律师事务所名称。

2. 正文

正文包括引言、事实、裁决理由、裁决结果。

（1）引言。该部分应写明仲裁委员会受理案件的时间、根据、案件编号以及案件适用的仲裁程序；争议的性质；仲裁员选定或者指定的时间、经过，组成仲裁机构的仲裁员和首席仲裁员的姓名，如果有申请回避的情况，应予说明；书面审理或开庭审理的情况；仲裁文件的提交和送达情况等。

（2）事实。该部分应写明案件的基本事实、争议的发生经过、当事人的主张和观点，仲裁请求或反诉；应写明仲裁机构经过庭审调查、辩论、质证所查明的事实及所依据的证据。

（3）裁决理由。该部分应根据仲裁机构查明的事实和证据，结合相关法律规定，分析论证当事人应当承担的责任；对当事人的主张和观点的分析与判断，对仲裁请求的支持、驳回或部分支持、部分驳回。

（4）裁决结果。根据仲裁机构的意见，简明扼要地写明仲裁决定，并且注明裁决的终局性；具体写明仲裁费用是由一方承担还是双方分担，以及承担的具体金额。

3. 尾部

尾部应注明以下内容：

（1）交代裁决书的法律效力和裁决生效的时间，具体可表述为：“本裁决为终局裁决，自作出之日起生效。”

（2）落款，由仲裁员署名，注明文书制作日期，并在日期上加盖仲裁委员会印章。

7.6.2 写作注意事项

仲裁裁决书不仅要说明案件的实体问题，还要说明程序问题，即对所有提交仲裁的争议都要有所陈述。

对于仲裁裁决书中争议事实和仲裁理由部分，一般情况下应写明，但如果申请人不愿写明争议事实和理由，也可以不写。

仲裁裁决书是仲裁机构行使仲裁权的集中体现，也是申请人行使权利、履行义务的依据，所以行文必须有条理，表达必须清楚、准确。

7.6.3 范文示例

××××仲裁委员会

裁决书

（××××）×仲裁字第××号

申请人：周××，男，汉族，××××年××月生，××市××××知识产权事务所职员

被申请人：××××有限公司，住所地：××市××××路××号

法定代表人：王××，××××有限公司总经理

委托代理人：张××，××××律师事务所律师

委托代理人：杨××，××××律师事务所律师

被申请人：××××有限公司××分公司，住所地：××市×××路××号

负责人：李××，××××有限公司××分公司总经理

委托代理人：杨××，××××律师事务所律师

申请人周××与被申请人××××有限公司（以下简称××××公司）、××××有限公司××分公司（以下简称××××分公司）服务合同纠纷一案，申请人根据与被申请人××××分公司签订的《××××业务协议》中约定的仲裁条款，于××××年××月××日向××××仲裁委员会（以下简称本会）提出仲裁申请。本会根据《中华人民共和国仲裁法》

第××××条及《××××仲裁委员会仲裁规则》第××条之规定，于当日受理此案。根据《中华人民共和国仲裁法》第××××条、第××××条及《××××仲裁委员会仲裁规则》第××条、第××条之规定，本案适用简易程序。因双方未在规定的期限内共同选定独任仲裁员，本会主任指定郝××为独任仲裁员，成立仲裁庭审理本案。仲裁庭于××××年××月××日、××月××日在本会开庭审理本案。申请人周××、两被申请人的委托代理人杨××到庭参加了庭审。本案现已审理终结。

一、仲裁请求与答辩

被申请人辩称：被申请人已经严格按照协议的约定履行了相应的义务，也尽到了相应的提示义务，不存在违约的行为。因此，被申请人认为申请人的仲裁请求没有事实和法律依据，请求驳回申请人的仲裁请求。

二、举证、质证与认证

申请人为证明其主张的事实，提供了以下证据：

证据1.……

证据2.……

…………

被申请人对申请人提交的证据质证意见如下：

对证据1的真实性、合法性及关联性均无异议。

对证据2的真实性无异议，但认为被申请人……

对证据3的真实性无异议，但认为该证据不能证明……

对证据4的真实性不能确定，认为根据相关法律规定提交外文证据要提交相应的翻译材料，申请人未提交翻译文本，被申请人对该份证据不予质证。

对证据5的真实性无异议，但认为被申请人……

…………

对被申请人提供的一份证据，申请人对该证据的真实性、合法性及关联性不予以认可，仲裁庭对该证据不予采信。

三、事实认定

经审理，仲裁庭查明如下事实：

…………

四、仲裁庭意见

仲裁庭认为……

…………

五、裁决

仲裁庭根据《中华人民共和国民法典》合同编第 ×× 条、第 ×× 条、第 ×× 条之规定，裁决如下：

…………

本裁决为终局裁决，自裁决书作出之日起发生法律效力。

仲裁员：郝 ××

×××× 年 ×× 月 ×× 日

（×××× 仲裁委员会印章）

第8章 民用诉讼法律文书

民用诉讼法律文书，即民众在打各种官司时所制作和使用的法律文书的总称，包括起诉文书、答辩文书、上诉文书、反诉文书、申诉文书、辩护词、代理词以及有关诉讼问题申请书等。

8.1 民事起诉状

民事起诉状，是指公民、法人或者其他组织认为自己的民事权益受到侵害或者与他人发生争议时，为维护自身合法权益而依法向法院提起民事诉讼，诉请法院作出裁判时所制作的法律文书。

民事起诉状，是启动民事诉讼程序的关键的法律文书，经人民法院审查并决定受理后，将直接启动民事诉讼程序。

民事诉讼必须符合法定的起诉条件：原告是与本案有直接利害关系的公民、法人或者其他组织；有明确的被告；有具体的诉讼请求和事实、理由；属于人民法院受理的民事诉讼的范围和受诉人民法院管辖。

8.1.1 格式写法

民事起诉状由首部、正文和尾部三部分组成。

1. 首部

首部包括标题和当事人的基本情况。

（1）标题，即在起诉状顶端居中书写文书名称“民事起诉状”。

（2）当事人的基本情况。民事起诉状的当事人包括原告、被告和第三人。

当事人是自然人的，应依次写明其姓名、性别、出生日期、民族、职业、工作单位和住址、联系方式。如果当事人是无行为能力人或者限制行为能力人的，应在当事人的基本情况下面另起一行写明法定代理人的姓名、性别、出生日期、职业、工作单位及其与原告的关系。如果原告起诉时已经委托诉讼代理人的，应在原告及法定代理人下另起一行写明诉讼代理人的基本情况。

当事人是法人或者其他组织的，应依次写明法人或者其他组织的名称、所在地址；然后另起一行写明法定代表人或主要负责人的姓名、职务和联系方式。原告委托了诉讼代理人的，应当在原告及其法定代理人、法定代表人基本情况下另起一行写明诉讼代理人的姓名、工作单位。

2. 正文

正文是民事起诉状的主体，主要包括诉讼请求，事实与理由，证据和证据来源、证人姓名和住址。

（1）诉讼请求，即原告向人民法院提出解决民事权益纠纷的具体事项。诉讼请求表述得越明确、具体，当事人之间争议点就暴露得越充分，就越有利于人民法院迅速、及时地开庭审理和作出正确的判决。

（2）事实与理由，即用精练的语言叙述民事权益发生争议或受到侵害的事实经过；概括分析纠纷的性质、危害、结果及责任，并指出诉讼请求所依据的法律条文，以论证原告的诉讼请求于法有据。

（3）证据和证据来源、证人姓名和住址，即写明能证明起诉事实和主张成立的证据，包括物证、书证、证人证言、视听材料、鉴定意见、勘查笔录等。

3. 尾部

尾部包括致送机关、附项和落款。

（1）致送机关，即文书致送的人民法院的名称；分两行书写“此致”“×××× 人民法院”。

（2）附项，主要写明本起诉状副本的份数、所附证据材料的名称及份数。

（3）落款，即由起诉人签名或盖章，并注明递交起诉状的日期。起诉人是法人或非法人组织的，应写单位名称，并加盖单位公章。

8.1.2 写作注意事项

诉讼请求的表述要明确、具体、合理、合法、周密，不可笼统含糊；如果有多项诉讼请求，应当逐项列出，避免遗漏。

事实部分的叙述，要注意“六要六不可”：一要和诉讼请求一致，不可相互矛盾；二要内容具体清楚，不可抽象空洞；三要实事求是，不可夸大缩小；四要关键情节详细叙述，不可含糊其词；五要有理有据，不可捕风捉影；六要有理有节，不可搞人身攻击。

原告向人民法院递交起诉状后，如果在庭外和对方当事人达成了和解，应及时通知人民法院，并用书面的形式撤回民事起诉状。

8.1.3 范文示例

民事起诉状

原告冯××，男，××××年××月××日出生，汉族，××省××市人，现住××区××××镇××××村。

被告杨××，女，××××年××月××日出生，汉族，××省××市人，现住××区××××镇××××村。

诉讼请求：

1. 依法解除婚姻关系，婚生男孩冯××与原告共同生活，由被告承担抚养费××××元/月；

2. 共同财产依法分割；

3. 诉讼费用由被告负担。

事实和理由：

××××年××月，我与被告杨××经人介绍相识，于××××年××月××日登记结婚，婚前关系融洽。××××年××月××日生一男孩冯××。同年××月我外出务工，被告在家料理家务，后因被告有作风问题被我发现，致使双方感情产生隔阂，并经常为此争吵打架。××××年农历××月××日被告与人私奔，经多方寻找才在××××发现被告，我乘车前去接她，但她执意要留在娘家而不肯回家，后经本村村民郑××、赵

×× 说和，被告在索要了 ×××× 元现金的条件下才于 ×××× 年 ×× 月 ×× 日回家。回家后被告仍置丈夫和孩子于不顾，并于当日借口去 ×× 市给小孩儿买衣服为名，从家中拿走现金 ×××× 元再次出走，次日我组织人员四处查寻，但至今音信皆无。

被告杨 ×× 屡次抛弃家庭、孩子以及出走的行为，已严重伤害了夫妻之间的情感，影响了孩子的健康成长，导致夫妻感情的完全破裂，根据《中华人民共和国民法典》婚姻家庭编第 ×× 章第 ×× 条之规定，特向人民法院提起诉讼，请求依法判决。

此致

×× 区人民法院

附：1. 本状副本一份

2. 结婚证复印件一份

3. 身份证复印件一份

4. 房产证复印件一份

5. 财产及债务清单一份

起诉人：冯 ××

×××× 年 ×× 月 ×× 日

8.2　刑事起诉状

刑事起诉状，又称刑事自诉状，是指刑事自诉案件的被害人及其法定代理人或近亲属，根据事实和法律直接向人民法院控诉被告人的犯罪行为，要求追究被告人刑事责任时所制作的法律文书。

刑事起诉状是被害人一方行使起诉权，揭露、控告、证实犯罪，维护自身合法权益的重要手段，也是人民法院受理和审判刑事自诉案件、追究被告人刑事责任的基础和依据。

刑事自诉状的适用范围仅限于自诉案件。自诉案件包括下列几种：其一，告诉才处理的案件，包括侮辱案、诽谤案、暴力干涉婚姻自由案、虐待案和侵占案；其二，被害人有证据证明的轻微刑事案件，包括故意伤害案、非法侵入住宅案、侵犯通信自由案、重婚案、遗弃案、生产销售伪劣商品案等；其三，被害人有证据证明对被告人侵犯自己人身、财产权利的行为应当依法追究刑事责任，而公安机关或者人民检察院不予追究被告人刑事责任的案件。

8.2.1 格式写法

刑事起诉状由首部、正文和尾部三部分组成。

1. 首部

首部包括标题和当事人的基本情况。

（1）标题，即在文书顶端居中书写文书名称“刑事起诉状”或“刑事自诉状”。

（2）当事人的基本情况。刑事自诉案件中提起诉讼的一方称为“自诉人”，被指控的一方称为“被告人”。列写当事人的基本情况时，先列写自诉人的基本情况，即依次写明其姓名、性别、出生日期、民族、籍贯、职业、工作单位及职务、住所等；然后再列写被告人的基本情况，写法与自诉人的写法相同。在自诉人本人无法告诉或不能亲自告诉，由其法定代理人、近亲属代为告诉的情况下，应当先写自诉人，然后再写代为告诉人的基本情况。

2. 正文

刑事自诉状的正文包括案由和诉讼请求、事实、理由、证据表述。

（1）案由和诉讼请求，即写明案由和被告人所犯罪名。被告人的犯罪罪名应当写得具体明确、简明扼要，严格依照法律规定的罪名提出控告。如在暴力干涉婚姻自由案件中，应当写明：“被告人 ××× 犯暴力干涉婚姻自由罪，请求人民法院依法判处。”

（2）事实，即用简练的语言概括出犯罪事实的全貌，即抓住事实要点叙述清楚犯罪的时间、地点、手段、情节、动机、目的和后果。这是自诉人要求追究被告人刑事责任的事实根据和法律根据。

（3）理由，首先围绕犯罪构成要件分析定罪问题，说明行为构成犯罪、需要追究刑事责任；然后围绕犯罪情节问题分析量刑问题，说明需要从重处罚的情节。具体来说，就是写明被告人的行为为什么构成犯罪，犯的是什么罪。具体可表述为：“综上所述，被告人 ××× 的行为已经触犯《中华人民共和国刑法》第 ×××× 条的规定，构成 ×××× 罪，根据《中华人民共和国刑事诉讼法》第 ×××× 条的规定，特向你院起诉，请依法追究被告人 ××× 的刑事责任。”

（4）证据表述，即详细列举自诉人掌握的证据材料。在列举证据材料时，应当注意：证据的名称、数量要准确；如果有多项证据材料的，应当分项列举；证人的姓名、住所、联系方式应当完整、准确无误。

3. 尾部

尾部包括致送机关、附项和落款。

（1）致送机关，即人民法院的名称，分两行书写“此致”“×××× 人民法院”。

（2）附项，即写明本自诉状副本的份数。

（3）落款，即自诉人或者代为告诉的人签名或者盖章，提起自诉的具体日期。

8.2.2　写作注意事项

刑事案件由犯罪地人民法院管辖；如果由被告人居住地人民法院管辖更为适宜的，可以由被告人居住地人民法院管辖。

刑事起诉状应当以自诉人的名义制作，但被害人死亡、丧失行为能力或者因受枪支、威吓等原因无法告诉的，或者限制行为能力人以及由于年老、患病、盲、聋、哑等原因不能亲自告诉的，其法定代理人、近亲属可以代为告诉。

刑事起诉状指控的犯罪事实应当有法律根据和证据依据，不可搞人身攻击，切忌主观臆测，更不可编造虚假事实。否则，自诉人将承担由此产生的法律责任。

刑事起诉状中必须附有能证明被告人犯罪事实的证据。根据法律规定，如果刑事自诉状没有附上足够的证明被告人犯罪事实的证据，人民法院进行审查后将责令自诉人提出补充证据；如果自诉人无法提出补充证据，人民法院应当说服自诉人撤回自诉，或者裁定驳回自诉。

8.2.3 范文示例

刑事起诉状

自诉人张××，女，××岁，汉族，××省××市人，××区××××厂工人，住××市××区××××号。

被告人王××，女，××岁，汉族，××省××市人，××区××××厂工人，住××市××区××××号。

诉讼请求：

被告人王××的行为构成×××罪，请求人民法院依法追究其刑事责任。

事实与理由：

我家和被告人王××的关系本来不错，后来由于我母亲和王××因琐事闹矛盾，我们两家从此不再来往。被告人女儿李××和我同在××××厂××组工作，我是小组长。由于李××无故旷工三天，我按照厂里的规定扣了她一个月的奖金。从此，被告人一见到我就唾我，并使用一些不堪入耳的言辞污辱我。××××年××月××日下午××时许，我在××区新华书店附近遇见了被告人，被告人先向我唾了一口唾沫，接着又指名道姓地骂我。我对被告人提出警告，她竟撒泼说我欺负她，并破口大骂，引来很多人围观。我是一个姑娘家，当然不能骂她，就往家走。没想到被告人这时竟大声地对围观的群众说我不要脸，说我是和车间主任有不正当关系才当上小组长的。我气愤至极，转身要被告人拿出证据，被告人竟公然动手撕我的衣服，说要让我亮亮相，把我的裙子撕碎，内衣撕破，脸也抓破。我转身躲避时，被告人又从背后将我推倒在地。幸好我父亲下班路过此地，才将我救起。上述事实，有××××厂王××、赵××在现场，可以作证。

由于被告人对我的侮辱、谩骂，使我的身心遭受很大打击。本来我这个年龄段的女孩应该是活泼开朗的，而我每天都要遭受周围人的白眼。我实在没法活下去了，几次产生轻生念头。但想到法律的公正与庄严，特诉至你院。请求你院根据《中华人民共和国刑法》第××××条的规定，以×××罪追究被告人王××的刑事责任。

证人姓名和住址，证据名称和来源：

1. 证人王××，××××厂工人，住××市××××街××号；

2. 证人赵××，××××厂工人，住××市××××街××号。

此致

××××人民法院

附：（略）

自诉人：张××

××××年××月××日

8.3　附带民事起诉状

附带民事诉讼是一种依附于刑事诉讼的特殊民事诉讼，是指因受犯罪行为侵害的被害人在刑事诉讼过程中，以犯罪行为人为被告人提起的要求其承担赔偿责任的民事诉讼。其中，提起附带民事诉讼的被害人，称为附带民事诉讼原告人；被诉承担赔偿责任的犯罪行为人，称为附带民事诉讼被告人。

附带民事起诉状，是指刑事案件的被害人及其法定代理人或者近亲属，在刑事诉讼进行过程中，向人民法院提出诉讼请求，要求人民法院判令被告人赔偿因其犯罪行为导致附带民事诉讼原告人遭受的物质损失的法律文书。

由于附带民事起诉状只适用于刑事诉讼过程中，所以又称为刑事附带民事起诉状。

附带民事起诉状仅适用于下述情况：被害人因被告人的犯罪行为而遭受物质损失，被害人请求人民法院要求判令行为人对自己的物质损失承担经济赔偿责任。如果被害人请求精神损害赔偿，则不适用刑事附带民事诉讼程序。

8.3.1　格式写法

附带民事起诉状由首部、正文和尾部三部分组成。

1. 首部

首部包括标题和当事人的基本情况。

（1）标题，即在文书顶端居中书写文书名称“附带民事起诉状”。

（2）当事人的基本情况，按照原告人、被告人的顺序写明其基本情况。

当事人是自然人的，应当依次写明其姓名、性别、出生日期、民族、籍贯、职业、工作单位及职务、住所等基本情况。当事人是无民事行为能力人或者限制民事行为能力人的，写完当事人的基本情况后，应另起一行写明法定代理人姓名（之后括注其与当事人的关系）、性别、职业、工作单位及职务、住址等。

当事人是法人或者其他组织的，应当依次写明单位名称、所在地（邮政编码）、企业性质、统一社会信用代码、经营范围和方式、开户银行和账号，然后另起一行写明其法定代表人（主要负责人）姓名、职务。

当事人委托诉讼代理人的，则在其项下另起一行写明诉讼代理人姓名、性别、工作单位等基本情况。

2. 正文

正文包括诉讼请求、事实、理由、证据。

（1）诉讼请求。先请求人民法院追究被告人的刑事责任，再请求判令被告人承担民事责任，赔偿因犯罪行为造成的物质损失。

（2）事实。首先，叙述被告人实施的犯罪行为经过，采取时序法从犯罪的时间、地点、动机、目的、手段、具体经过及产生的后果等方面将被告人实施的本次犯罪经过展示出来。其次，写明被告人的犯罪行为给被害人造成的物质损失有哪些及其大小；重点交代清楚犯罪行为与物质损失之间的因果关系，物质损失的具体数额。

被告人的行为造成的物质损失包括两部分：一是积极损失，即被告人的致害行为已经造成的原告人的经济利益直接减少或可得利益的丧失；二是消极损失，即被告人的致害行为在将来还将导致原告人遭受的物质损失，例如后续医疗费用的开支等。

（3）理由。先分析评价被告人的行为特征，说明其行为触犯了哪些法律规定，应以何种罪名追究其刑事责任；然后再结合案情说明犯罪行为给被害人造成了哪些物质损失，具体数额是多少，并引用民事实体法相关规定，说明被告人应承担的民事赔偿责任。

（4）证据，即写明能够支持原告人主张的证据。附带民事诉讼原告人应在附带民事起诉状中，对下列事实提供证据予以证明：第一，自己遭受被告人侵害行为侵害的事实；第二，因该侵害行为导致自己物质损失的事实；第三，该损失的程度及数额的情况。能证明上述事实的书证、物证、证人证言等主要证据，均应在起诉状中列明。

3. 尾部

尾部包括致送机关、附项和落款。

（1）致送机关，即在正文左下角分两行书写“此致”“××××人民法院”。

（2）附项，即写明本起诉状副本的份数。

（3）落款，即原告人签名或者盖章，并注明递交附带民事起诉状的日期。

8.3.2　写作注意事项

附带民事起诉状，只能在被告人的行为构成犯罪，检察机关向人民法院提起公诉之后，在人民法院立案受理至第一审终结前制作和提交。逾期不得提起附带民事诉讼，而应单独提起民事诉讼。

如果被害人请求精神损害赔偿的，也不能在附带民事起诉状中提出，因为附带民事诉讼只限于赔偿物质损失，但是被害人可以另行制作民事起诉状单独提起民事诉讼。

8.3.3　范文示例

附带民事起诉状

原告人肖××，男，××××年××月××日出生，×族，××市××××镇××××村，村民。

原告人王××，男，××××年××月××日出生，×族，××市××××镇××××村，村民。

被告人胡××，男，××××年××月××日出生，×族，××市××××镇××××村，村民，现押于××市看守所。

诉讼请求：

1. 依法追究被告人的刑事责任。

2. 请求依法判决被告人赔偿原告人肖 ×× 医疗费……共计 ×××× 元。

3. 请求依法判决被告人赔偿原告人王 ×× 医疗费……共计 ×××× 元。

事实与理由：

×××× 年 ×× 月 ×× 日中午，本案被害人肖 ×× 因过去的民事纠纷与被告人胡 ×× 发生冲突，被告人因此怀恨在心，返回家中寻得匕首一把，再次找被害人寻衅滋事。在打斗过程中，被告人一刀刺入肖 ×× 肩胛骨，刑事附带民事原告人王 ×× 见状，为上前阻拦胡 ×× 继续行凶，被其将右上臂砍伤，导致肱三头肌断裂，桡神经外膜损伤，出现失血性休克症状，经法医鉴定，构成轻伤。被告人将肖 ×× 砍伤后，又继续持刀追逐刑事附带民事原告人王 ××，将其头部砍伤，导致其右侧颞顶部两处创伤，创口、创道长已达 ××cm 以上，经法医鉴定，构成轻伤。而被害人肖 ×× 在送往医院途中身亡。在治疗期间，刑事附带民事原告人王 ×× 花去医疗费、营养费、住院伙食费、误工费、护理费、交通费、通信费等共计 ×××× 元。

综上所述，两原告人认为被告人在光天化日下，持刀行凶，伤害他人身体，导致一死一伤的严重后果，其行为已经触犯了《中华人民共和国刑法》，并给原告人造成了严重的经济损失，请求贵院依法主持正义，保护原告人的合法权益。

此致

×× 市中级人民法院

附：（略）

起诉人：肖 ××

王 ××

×××× 年 ×× 月 ×× 日

8.4　行政起诉状

公民、法人或者其他组织提起行政诉讼时，应当提交行政起诉状。

行政起诉状，是公民、法人或者其他组织认为行政机关及其工作人员的具体行政行为侵犯其合法权益，以行政机关为被告向人民法院提起行政诉讼，请求人民法院作出撤销被告的具体行政行为的裁判而制作的法律文书。

行政起诉状是一种“民告官”形式的法律文书，因此提起诉讼应当符合下列条件：其一，原告是认为具体行政行为侵犯其合法权益的公民、法人或者其他组织；其二，有明确的被告；其三，有具体的诉讼请求和事实根据；其四，属于人民法院受案范围和受诉人民法院管辖。

8.4.1　格式写法

行政起诉状由首部、正文和尾部三部分组成。

1. 首部

首部包括标题和当事人的基本情况。

（1）标题，即在文书顶端居中书写文书名称“行政起诉状”。

（2）当事人的基本情况，依次写明原告、被告的基本情况。原告是自然人的，依次写明其姓名、性别、出生日期、民族、籍贯、职业、工作单位及职务、住址等信息。原告是法人或其他组织的，应写明组织名称、地址、联系方式，再另起一行写明法定代表人或负责人等基本情况。原告委托诉讼代理人的，应在其项下另起一行写明委托代理人的姓名、工作单位等基本情况。行政诉讼的被告只能是做出具体行政行为的行政机关或者法律法规授权的组织。未经法律法规授予行政权的其他组织，对外以自己的名义做出具体行政行为的行政机关及行政机关工作人员，均不能成为行政诉讼的被告。

2. 正文

正文是行政起诉状的主体内容，包括诉讼请求、事实、理由和证据。

（1）诉讼请求。根据被告的行政行为和案件的具体情况不同，诉讼请求也有所不同：其一，认为被告的行政行为所依据的主要证据不足、适用法律法规错误、违反法定程序、滥用职权的，可以请求人民法院判决予以撤销或者部分撤销；其二，对被告不履行或者拖延履行法定职责的，可以请求人民法院判决被告在一定期限内履行法定职责；其三，认为被告实施的行政处罚显失公正的，可以提出判令变更行政处罚；其四，认为被告错误的具体行政行为侵犯了自己的合法权益造成损失的，可以提出行政赔偿请求。

（2）事实。首先概括行政机关做出具体行政行为的原因事实，然后再通过叙述具体行政行为的实施经过、行为内容、行为后果，条理清晰地向人民法院展现具体行政行为的违法之处。

（3）理由。一般先用“综上所述，原告认为……”作为引语，之后概括写明原告对被告具体行政行为的不服之处，再说明被告行为存在的错误或不当之处，并分析论证其为什么是错误的或不当的，最后引用相关法律、法规，论证自己诉讼请求的合法性及合理性。

（4）证据。如果原告提出赔偿请求，应列举行政侵权行为致害的证据。如果证据有多种类型，应逐项列举。

3. 尾部

尾部包括致送机关、附项和落款。

（1）致送机关，即在正文左下角分两行书写“此致”“×××× 人民法院”。

（2）附项，即写明本起诉状副本的份数。

（3）落款，即由起诉人签名或者盖章，并注明起诉的日期。

8.4.2 写作注意事项

行政起诉状应在诉讼时效期限内向有管辖权的人民法院提交。

在制作行政起诉状时，要全面、正确地书写行政诉讼当事人。特别要注意，不可以行政机关工作人员为被告提起诉讼。

原告只能对行政机关的具体行政行为提起行政诉讼，对行政机关的抽象行政行为、准立法行为、行政指导行为以及国家行为等，都不得提起行政诉讼。

行政起诉状应附上行政处罚决定书或行政复议决定书。

8.4.3 范文示例

行政起诉状

原告：陈××，男，××××年××日××日出生，汉族，个体工商户，住××县××××路××号。

被告：××县市场监督管理局，所在地址：××县××××路××号。

负责人：叶××，××县市场监督管理局局长。

诉讼请求：

（一）撤销被告××县市场监督管理局查封原告店铺的行为。

（二）判令被告赔偿因无理查封原告店铺给原告造成的损失××××元，并赔偿原告在查封期间店铺失窃的损失，共计现金××××元，丢失货物折价款××××元。

事实与理由：

原告陈××于××××年××月在××县××××市场××号摊位租用了一个××平方米的店铺，并于××月在被告处办理了个体营业执照，经营××××。每月向被告交纳管理费××××元。开业后，经营情况良好，每日日均盈利××××元以上（见货物购、销单据及纳税证明），××××年初，被告分管××××市场工作的工作人员肖××为了给他的一个熟人找一个好位置的铺位，要求原告与之调换，原告不同意。同年××月肖××再次要求原告调换铺位被拒绝后，肖××和被告的一个工作人员于××月××日在未出示任何证件的情况下，将原告正在经营的店铺查封，换上门锁，贴上盖有被告公章的封条，对店内的商品也没有进行清点。原告多次找被告反映，但被告均以“查封是肖××的个人行为，与市场监督管理局无关”为由推诿，再无人理会。结果造成原告停业××天，原告店铺在查封期间，两次被盗，共计被盗现金××××元，服装两袋共××件，红外线电热取暖器××台，丢失货物折价款××××元。

从上述事实可见，于××××年××月××日查封原告店铺的肖××等人，是受被告委派分管××××市场的工作人员，查封原告店铺使用的封条盖有被告的公章。可见，对原告合法经营的店铺强制查封，是被告依职权进行的具体行政行为，被告作为国家行政机关，应依法行政，但被告在行政管理活动中，仅因原告不愿按被告工作人员的意愿与他人调换铺位，就对原告合法经营的店铺强行查封，换门锁，贴封条，将商品封在店内，直接侵犯了原告的合法财产权，使原告失去了对自己财产的控制、处分和经营权，被告查封原告店铺的行政行为是没有法律依据的。

被告查封原告的店铺，只是来强行更换门锁，贴了封条就一走了之，并没有将书面决定送达原告，也没有将查封决定向原告宣布，更没有告知原告有关的申请复议或提起诉讼的权利，是违反法律程序的。

由于被告查封原告的店铺的行政行为没有法律依据，又违反法律程序，依法应予撤销。

被告滥用职权，做出上述不当的行政行为，严重侵犯了原告的合法权益，致使原告被迫停业 ×× 天，停业损失 ×××× 元；原告店铺在被告无理查封期间失窃两次，损失现金 ×××× 元，丢失货物折价款 ×××× 元，以上共计 ×××× 元，对此损失，被告应负赔偿责任。

为此，特向你院提起行政诉讼。请依法判令撤销被告 ×× 县市场监督管理局查封原告店铺的具体行政行为，并赔偿非法查封期间所造成的经济损失 ×××× 元以维护原告的合法权益。

证据和证据来源，证人和住址

1. 原告营业执照；

2. ×××× 市场 ×× 号铺位租赁合同；

3. 原告店铺货物购、销账本及单据；

4. 原告缴税证明；

5. ×××× 市场档主张 ××、陈 ×× 证言；

6. 原告被查封的店铺及被告封条照片；

7. 原告店铺失窃报案材料及失物清单复印件（原件在 ×××× 派出所）。

此致

×× 省 ×× 县人民法院

附：（略）

起诉人：陈 ××

×××× 年 ×× 月 ×× 日

8.5　民事答辩状

人民法院应当在立案之日起五日内将起诉状副本发送给被告，被告应当在收到之日起十五日内提出答辩状。

民事答辩状，即民事案件的被告或者被上诉人，针对原告在起诉状或者上诉人在上诉状中提出的诉讼请求、事实陈述、证据材料和法律依据，进行答复和辩驳而制作的法律文书。

民事答辩状在民事诉讼中发挥着重要作用。首先，民事答辩状的内容，要么是对起诉状、上诉状中提出的诉讼请求和事实陈述进行承认，要么是进行抗辩。通过起诉状、上诉状和答辩状，人民法院能够及时确定当事人的争执点，迅速和有针对性地进行法庭审理活动。其次，被告或被上诉人提出答辩状，是其反驳对方的诉讼请求，维护自身合法权益的重要诉讼手段，也是我国民事诉讼法中确立的当事人诉讼权利平等原则的重要体现。

民事答辩状具体分为第一审民事答辩状和第二审民事答辩状。

8.5.1　格式写法

民事答辩状由首部、正文和尾部三部分组成。

1. 首部

首部包括标题和答辩人的基本情况。

（1）标题，即在文书顶端居中书写文书名称“民事答辩状”。

（2）答辩人的基本情况。答辩人是自然人的，应依次写明答辩人的姓名、性别、年龄、民族、职业、工作单位和住所；答辩人是法人或其他组织的，应当写明法人或其他组织的名称、所在地址、法定代表人或者主要负责人的姓名、职务。答辩时已经委托诉讼代理人的，应在其项后写明代理律师的姓名及代理律师所在的律师事务所名称。

2. 正文

正文包含答辩案由、答辩理由、答辩请求和证据。

（1）答辩案由，即写明答辩人因何案件进行答辩。具体可表述为：“××× 诉 ××× 一案，法院已经受理。现根据事实和法律，答辩如下：”

（2）答辩理由，即答辩的事实根据和法律根据。应针对原告或上诉人的诉讼请求及其所依据的事实与理由进行反驳与辩解。被上诉人的答辩主要从实体方面针对上诉人的事实、理由、证据和请求事项进行答辩，全面否定或部分否定其所依据的事实和证据，从而否定其理由和诉讼请求。第一审被告的答辩还可以从程序方面进行答辩，例如，提出原告不是正当的原告，或原告起诉的案件不属于受诉法院管辖，或原告的起诉不符合法定的起诉条件，无权起诉或起诉不合法，从而否定案件。无论是第一审被告，还是第二审被上诉人提出答辩理由，都要实事求是，要有证据。

（3）答辩请求，即在充分阐释答辩理由的基础上，答辩人应提出自己的答辩请求。其一，依据事实和法律，概括说明原告或上诉人主张的谬误性，答辩理由的正确性，请求法院不支持原告或上诉人的诉讼请求；其二，揭示对方诉状中存在的事实矛盾和证据材料之间的矛盾，请求法院不予支持对方的诉讼请求；其三，根据具体情况，请求法院根据管辖权规定不予受理，追加或变更诉讼当事人，部分或全部否定原告的诉讼请求，提起反诉请求等。

（4）证据，即证据和证据来源，证人姓名和住所。对于需要答辩人举证的事项，应写明证据的名称、件数、来源和证据线索，有证人的应写明证人姓名、住址等。

3. 尾部

尾部包括致送机关、附项和落款。

（1）致送机关，即在正文左下角分两行书写“此致”“×××× 人民法院”。

（2）附项，即注明本答辩状副本的份数。

（3）落款，即注明答辩人的姓名及答辩日期。

8.5.2 写作注意事项

提出答辩状是当事人的一项诉讼权利，不是诉讼义务；但被告或被上诉人逾期不提出答辩状，不影响人民法院审理。

写作答辩状正文时要注意几个问题：第一，要有针对性，针对对方的诉讼请求、事实主张、证据材料、法律论证进行承认或反驳，避免答非所问；

第二，要有目的性，要着重针对诉状中的错误、矛盾或不足之处展开分析论证，以达到维护自身合法权益的目的；第三，答辩应以事实和法律为根据，不能强词夺理，无理诡辩。

在写作民事答辩状时，要做到内容简短、精练，不要长篇大论，不要对原告或者上诉人及其代理人进行人身攻击。

8.5.3 范文示例

民事答辩状

答辩人：×××× 科技有限公司，住所地：×× 市 ×××× 街 ×× 号。

法定代表人：鲍 ××，职务：总经理。

因原告沙 ×× 与被告 ×××× 科技有限公司债务纠纷一案，现就起诉状所列各点，答辩如下：

一、原告只完成合同项下部分工程量，就其完成的工程量，费用已全部结清。

×××× 年 ×× 月 ×× 日，原告与被告签订了 ×××× 工程劳务承包合同。按照合同约定，原告于 ×× 月初进驻工地进行施工。在施工的过程中，因原告工程质量较差，该工程的建设方多次提出异议，×××× 年 ×× 月底，经与原告协商，双方口头约定中止了合同……

另外，就原告所完成的 ×××× 家园的工程量和 ×××× 二期外网工程，费用双方均已结清。

二、原告未完成的工程量，已经由其他工程队完成。

就原告未完成的工程量，从 ×××× 年 ×× 月 ×× 日开始，到 ×××× 年 ×× 月 ×× 日止，为了赶工期，答辩人不得不先后与刘 ××、梁 ××、康 ×× 和潘 ×× 等四个施工队签订了劳务承包合同，这四个施工队完成工程后，答辩人付款给他们。就同一工程，答辩人不可能重复付款。

此致

×× 区人民法院

附：（略）

答辩人：××××科技有限公司

××××年××月××日

（印章）

8.6 行政答辩状

行政答辩状是行政诉讼中的被告（或被上诉人），针对原告（或上诉人）在行政起诉状（或上诉状）中提出的诉讼请求、事实与理由，依法进行答复和辩解时所制作的法律文书。

需要进行答辩的当事人，可能是作为第一审被告或第二审被上诉人的行政机关，也可能是作为第二审被上诉人的不服行政机关具体行政行为的行政管理相对人。

制作行政答辩状是法律赋予被告（或被上诉人）的诉讼权利。通过诉讼双方的起诉和答辩，法院可以兼听双方当事人的意见及主张，既有助于正确处理行政案件，又有利于维护当事人的合法权益。

8.6.1 格式写法

行政答辩状由首部、正文和尾部三部分组成。

1. 首部

首部包括标题和当事人的基本情况。

（1）标题，即在文书顶端居中书写文书名称“行政答辩状”或“答辩状”。

（2）当事人的基本情况，即答辩人的基本情况。答辩人是自然人的，依次写明其姓名、性别、出生日期、民族、籍贯、职业、工作单位及职务、住址等信息。答辩人是法人或其他组织的，应写明组织名称、地址、联系电话，再另起一行写明法定代表人或负责人等基本情况。原告已委托诉讼代理人的，还应在其项下另起一行写明委托代理人的姓名、工作单位等基本情况。

2. 正文

正文包括答辩案由、答辩请求、事实与理由。

（1）答辩案由，应写明对何人起诉或对上诉的何案提出辩解，具体可表述为："因 ×××（原告）诉 ×××（被告）××××（案由）一案，提出答辩如下："

（2）答辩请求，应根据有关法律规定对本案如何处理向法院提出具体的请求，表明本方的诉讼主张。

（3）事实与理由，针对起诉状或上诉状的内容进行答辩，并提出相应的事实、证据和有关法律依据。

3. 尾部

尾部包括致送机关、附项和落款。

（1）致送机关，即在正文左下角分两行书写"此致""×××× 人民法院"。

（2）附项，即写明本答辩状副本的份数、证据名称及件数。

（3）落款，即由答辩人署名，其下注明答辩日期。

8.6.2　写作注意事项

行政诉讼的答辩请求，可以从多方面提出，如要求法院驳回原告的起诉，或者要求法院维持原具体行政行为，或者要求法院撤销部分具体行政行为，或者向法院表示愿意重新做出具体行政行为。

8.6.3　范文示例

行政答辩状

答辩人：×× 省 ×× 县城乡建设委员会，住所地：×× 县 ×××× 街 ×× 号。

法定代表人：冉 ××，职务：主任。

因郑 ×× 不服土地管理行政处罚一案，提出答辩如下：

郑 ×× 原本在 ×××× 乡 ×××× 村 ×× 组有砖木结构瓦房，

××××年××月又向乡政府申请在自己承包的耕地上兴建住房，乡政府认为该地段不是农房建设规划点，因此没有同意。郑××既未经土地管理部门审核批准，又未领取建房许可证，便擅自在承包耕地上兴建住房，违反了《××省土地管理实施办法》第××条之规定。在施工期间、乡政府曾多次派人前往现场劝阻施工，并发出《关于郑××违章建筑通知书》，限期将正在兴建的房屋拆除还耕，但郑××不予理睬，乡政府于××××年××月××日给县城乡建设委员会写了《关于对郑××强行占用良田熟地建房的处理报告》。

经我们调查核实，认为郑××违反了《中华人民共和国土地管理法》第××××条第××款关于农村居民建住宅……的规定。为此，我们依据该法第××××条关于……的规定，于××××年××月××日作出《关于拆除郑××非法占用耕地所建住房的处罚决定》。

郑××以“××××”为由，不服土地管理行政处罚，向人民法院提起诉讼，这个所谓“理由”是站不住脚的，请依法裁判。

证据：

一、××××乡政府《关于郑××违章建筑通知书》一份；

二、××××乡政府《关于对郑××强行占用良田熟地建房的处理报告》一份；

三、本委员会《关于拆除郑××非法占用耕地所建住房的处罚决定》一份。

此致

××县人民法院

附：（略）

答辩人：××县城乡建设委员会

××××年××月××日（盖章）

8.7 民事上诉状

民事上诉状，即民事诉讼当事人不服第一审人民法院作出的判决或裁定，在法定期限内向上一级人民法院提出上诉，请求撤销或变更原裁判而制作的法律文书。

上诉是诉讼当事人享有的一项重要诉讼权利。上诉状是维护受不公正的第一审判决影响的诉讼当事人的合法权益的重要手段，也是法院启动第二审程序、查明案件事实、公正合法地处理案件的基础，是纠正第一审人民法院错误裁判，确保司法公正的重要法律途径。

最高人民法院作出的第一审判决或裁定，各级人民法院作出的第二审判决或裁定，都是立即发生法律效力的判决或裁定，当事人不能再上诉。

8.7.1 格式写法

民事上诉状由首部、正文和尾部三部分组成。

1. 首部

首部包括标题和当事人的基本情况。

（1）标题，即在文书顶端居中书写文书名称“民事上诉状”。

（2）当事人的基本情况，即按上诉人、被上诉人顺序分别写明当事人的基本情况，并用括号在后面分别注明各自在原审中的诉讼地位，如“上诉人（原审原告）”“被上诉人（原审被告）”“上诉人（原审第三人）”；共同诉讼的案件，没有提出上诉且他人上诉的内容与其无关时，仍列原审中的诉讼称谓，而不列为被上诉人。

当事人是自然人的，应依次写明其姓名、性别、出生日期、民族、职业、工作单位和住址、联系方式。如果上诉人属于未成年人或者精神病人，则应在上诉人下面另起一行书写法定代理人的基本情况。当事人是法人或者其他组织的，应依次写明单位名称、住所地，以及法定代表人或主要负责人的姓名、职务等。上诉人或者被上诉人及其法定代理人已委托诉讼代理人的，则应另起一行书写诉讼代理人的基本情况。

2. 正文

正文包括上诉事由、上诉请求、上诉理由。

（1）上诉事由，应写明案由、原审法院名称和案件的编号。具体可表述为：“上诉人因 ××××（写明对方当事人姓名 / 名称和案由）一案，不服 ×××× 人民法院 ×××× 年 ×× 月 ×× 日（××××）× 民初字第 ×× 号民事判决（裁定），现提出上诉。上诉的请求和理由如下：”

（2）上诉请求，应有针对性地指明第一审判决或裁定有何错误，明确提出要求第二审人民法院撤销或变更原判决的具体请求，还可明确提出上诉人对该民事争议在实体或程序上的具体诉讼权利主张。如果上诉请求有好几项，则应分条列项地写明。

（3）上诉理由，首先要找出原判决中能够影响原判决结果的错误，提炼出上诉理由的论点；然后针对这些论点，提出有确凿证据证明的事实，结合正确的法律条款进行分析论证，反驳原判决的错误。具体可分为以下几种情形：其一，原判决认定事实清楚，适用法律正确的，判决驳回上诉，维持原判；其二，原判决适用法律错误的，依法改判；其三，原判决认定事实错误，或者原判决认定事实不清，证据不足的，裁定撤销原判决，发回原审人民法院重审，或者查清事实后改判；其四，原判决违反法定程序，可能影响案件正确判决的，裁定撤销原判决，发回原审人民法院重审。

如果原判决有几处错误，则应用分条列项的方法，将驳斥的内容逐一表述出来进行反驳，避免将几个不同性质的问题纠缠在一起进行驳斥，造成毫无头绪、含混不清的现象出现。

上诉理由阐述完毕之后，接着续写：“为此，特向你院上诉，请求撤销原判决（或裁定），依法予以改判（或重新审理）。”

3. 尾部

民事上诉状的尾部包括致送机关、附项和落款。

（1）致送机关，即在正文左下角分两行书写“此致”“×××× 人民法院”。

（2）附项，即写明本上诉状副本的份数。

（3）落款，即由上诉人签名或盖章，并注明上诉日期。

8.7.2　写作注意事项

民事上诉状必须以有法定上诉权的当事人的名义制作，并在法定的上诉期限内，通过法定的上诉途径向原审人民法院或第二审人民法院提出。

上诉请求应写得明确、具体，不能含糊其词、模棱两可。

上诉理由主要采取反驳的方法书写，应从具体案情出发，紧紧围绕原判决的错误进行有理、有力、有据的驳斥；反驳时，要注意一定的条理性，做到层次分明、章法有序。上诉理由部分应有针对性地对原判决的事实认定、证据采纳和法律适用情况进行缜密的分析。

8.7.3　范文示例

民事上诉状

上诉人（原审原告）：章××，男，××岁，汉族，××省××县人，农民，住××县××乡××村。

被上诉人（原审被告）：赵××，女，××岁，汉族，××省××县人，农民，暂住××县××××招待所。

上诉人因遗产分割一案，不服××县人民法院××××年××月××日（××××）×民初字第××号民事判决，现提出上诉。

上诉请求：请求撤销原判决，另行公正判决。

上诉理由：上诉人的儿子章××与被上诉人的女儿薛××自××××年初开始恋爱，于××××年××月在一起生活，并准备办理结婚手续。不料薛××被安排到××××公司任见习营业员以后，见异思迁，要与章××脱离恋爱关系。××××年××月双方发生争吵，薛××扬言要用柴油烧掉房子，后竟用一瓶开水向章××身上泼去，将章××腿部烫伤，致使其治疗休养达××天之久。同年××月××日两人又发生争吵，薛××将衣物全部运回娘家，并将余下的一条被子浇上柴油，准备放火。章××忍无可忍，在极度气愤的情况下，将薛××掐死，然后跳崖自杀。两人死后，对其所遗留房屋、家具、存款、现金等财产的归属问题，先由××乡派出所提出处理意见，但极不合理，因此上诉人拒绝接受，于是起诉到××县人民法院。该院第一审判决认定章××、薛××属事实上的婚姻关系，所以将其遗产按家庭共有财产处理，并以“章××将薛××杀害，使薛××父母经济上蒙受损失和生活上造成困难”为由，将房屋、家具等判归上诉人继承，将存款××××元和现金等判归被上诉人继承。但对章××生前所负债务却只字不提，对债权人章××、章××等人的合法权益未予保护，只是他们要求上诉人清偿。上诉人对第一审人民法院判决不服，理由如下：

一、上诉人对原判决关于章××、薛××两人系事实婚姻关系的认定不持异议。但根据《中华人民共和国民法典》婚姻编第××条的规定：“夫妻在婚姻关系存续期间所得的财产，归夫妻共同所有。”也就是说，夫妻共同财产不包括各自婚前的财产。原判决认定房屋和全部家具是××××年××月章××和薛××与上诉人分家分得的财产，可知这些财产是章××婚前个人财产，而不是“婚姻存续期间所得财产”。因为这种子女结婚以后，与父母兄弟“分家”和那种父母在生前或死后将全部财产分配给几个子女，并以契约的形式明确规定各自财产所有权的“分家”是不同的。上诉人共有4个子女。××××年，上诉人建造房屋4间，打算将来4个儿子各分1间，当时章××刚10岁，没有劳动收入。该房屋的产权归上诉人享有，生前交由儿子使用，上诉人死亡后才能由其继承。章××结婚时，上诉人和上诉人的其他三个儿子出于照顾，暂允许其使用两间，他当然不能由此取得所有权，更不能将此房屋视为他和薛××的共同财产，章××死后，上诉人收回房屋只是行使对房屋的所有权，绝非继承了章××的遗产。因此，原审法院将此房作为章××、薛××的共同财产加以处置于法无据。至于家具，虽系上诉人为章××置办，但其中亦有章××的劳动所得，上诉人承认其属于章××所有。然而此项家具在章××、薛××结婚前置办，他们二人在一起生活仅一年，而且女方在结婚时置办的被褥等物已由薛××拿走。因此，这类婚前财产归各自所有，章××的家具也就不应当与××××元存款一起分割。属于章××独自所有的家具由上诉人继承是理所当然的，所以不能因为上诉人收回了房屋和得到了家具就不让再分存款。上诉人依法享有对章××、薛××共同生活期间的××××元存款的继承权。

二、章××生前所负债务××××元，有足够证据予以证明，原审法院也对此进行了认定。此项债务发生在章××与薛××共同生活期间，理应以其共同财产偿还。而且，事实上这××××元存款中有××××元就

是章 ×× 借来准备办婚事用的。因此，该项存款应首先用于清偿债务，剩余部分方能作为遗产由双方父母继承。

三、章 ×× 犯了故意杀人罪，应由国家追究其刑事责任。但如前所述，薛 ×× 思想发生变化后，意图对章 ×× 恶意伤害和准备放火，才最终导致了这场悲剧的发生，薛 ×× 也对悲剧的酿成负有不可推卸的责任。悲剧发生后，薛 ×× 实属不幸，上诉人和被上诉人均因此而遭受精神打击，但上诉人对悲剧的造成并无任何责任。原审法院认为被上诉人“在经济上蒙受损失和生活上造成困难”，言下之意，在经济上要对被上诉人予以照顾和补偿，所以便把存款、现金全部判归被上诉人，却将债务丢给上诉人承担。这样做不仅于情理不合，也于法无据。章 ×× 犯的是故意杀人罪，其犯罪行为并未造成财产损失的直接后果，如果章 ×× 没有死亡，被追究刑事责任，被上诉人也没有理由提出附带民事诉讼要求赔偿。何况章 ×× 已死，被上诉人更谈不上要求任何经济赔偿。原审判决的这种处理结果是对被上诉人无理要求的无原则迁就，是完全没有根据的。

综上所述，上诉人要求第二审人民法院撤销原判决，依法另行公正判决。

此致

×××× 人民法院

附：（略）

上诉人：章 ××

×××× 年 ×× 月 ×× 日

8.8　刑事上诉状

刑事上诉状，是刑事诉讼被告人、自诉人及其法定代理人，不服地方各级人民法院第一审未生效的刑事判决或裁定，在法定期限内依照法定程序向上一级人民法院提出上诉，请求变更或撤销原判决、裁定或者发回重审时所制作的法律文书。

刑事上诉状是一种非常重要的法律文书，它是上诉人维护自己合法权益的重要手段，上诉人通过上诉状阐明自己的上诉理由，并指出第一审判决裁定在认定事实、适用法律和诉讼程序方面的错误，能够有效地维护自己的合法权益；同时，它也是启动第二审程序的根据，它在保障人民法院及时发现和纠正错误的判决和裁定，避免冤、假、错案的发生，确保司法公正，保护人权等方面，都发挥着不可估量的作用。

刑事上诉状指向的对象只能是地方各级人民法院作出的第一审刑事判决或裁定。换句话说，刑事上诉状只能对地方各级人民法院作出的第一审刑事判决或裁定提出上诉，而最高人民法院的判决或裁定一经作出就发生效力，因此不得对此提出上诉；第二审判决是终审判决，也不得对此提出上诉。

8.8.1 格式写法

刑事上诉状由首部、正文和尾部三部分组成。

1. 首部

首部包括标题和当事人的基本情况。

（1）标题，即在文书顶端居中书写文书名称“刑事上诉状”。

（2）当事人的基本情况，按照上诉人、被上诉顺序分别写明，并在括号内注明其在第一审中的诉讼地位。因自诉案件和公诉案件的不同有不同列项内容。

在自诉案件中，提起上诉的称为上诉人，对方当事人称为被上诉人。在公诉案件中，第一审被告人提出上诉的，称为上诉人，没有被上诉人。切记，不能把人民检察院列为被上诉人。

当事人的基本情况应依次写明上诉人（原审被告人 / 原审自诉人）姓名、性别、出生日期、民族、出生地、职业、工作单位及职务、住所。

自诉人提起上诉并委托诉讼代理人，或者被告人提起上诉并委托辩护人的，应在写明各自基本情况之后，另起一行写明诉讼代理人或者辩护人的基本情况。诉讼代理人或辩护人是普通公民的，应写明其姓名、性别、职业、工作单位及职务、住所；诉讼代理人或辩护人是律师的，应写明其姓名、工作单位和职务。

2. 正文

正文包括上诉事由、上诉请求和上诉理由三个部分。

（1）上诉事由，应写明上诉人因何案不服何法院何字号的判决或裁定而提出上诉。具体可表述为："上诉人因 ×××（罪名）一案，于 ×××× 年 ×× 月 ×× 口收到 ×××× 人民法院 ×××× 年 ×× 月 ×× 日（××××）× 刑初字第 × 号刑事判决（或裁定）书，现因不服该判决（裁定）提出上诉。"

（2）上诉请求，是上诉人因不服第一审人民法院的裁判而向第二审人民法院提出的具体要求。上诉请求要明确具体指出上诉人对原审判决结果是全部不服，还是部分不服；是请求第二审人民法院撤销原判、全部改判，还是部分改判。

（3）上诉理由，应围绕上诉请求展开说理，应从第一审判决认定的事实是否清楚有据、适用法律是否正确、量刑是否适当、诉讼程序是否合法等方面进行分析，以论证上诉请求成立的事实根据和法律根据。

在上诉理由完成之后，通常用格式化的语言对上诉请求予以总结，强调上诉人的主张。具体可表述为："综上所述，……（概括原判决的错误、不当之处）充分说明原判决是错误的。为此，特向你院上诉，请求……（叙述要求撤销原判，改判无罪或者从轻、减轻、免除处罚）"

3. 尾部

尾部包括致送机关、附项、落款。

（1）致送机关，即在正文左下角分两行书写"此致""×××× 人民法院"。

（2）附项，即写明本上诉状副本的份数，以及所附证据材料的情况。

（3）落款，即由上诉人签名或者盖章，并注明上诉日期。

8.8.2　写作注意事项

刑事上诉状只能由具有上诉权的人制作和提交，而且必须在法定期限内制作和提交。上诉人提交刑事上诉状主要有两种途径：其一，通过原审法院提出；其二，直接向上一级人民法院提交上诉状。

刑事上诉状中的上诉请求应当明确具体，具有针对性。应当注意区分公诉案件中的被告人、自诉案件中的自诉人和被告人各自提出上诉的请求的区别。

刑事上诉状中对上诉理由的表述既要简明扼要，又要全面完整，兼顾上诉的事实根据和法律根据，使上诉理由具有较强的辩驳力和说服力。

8.8.3 范文示例

刑事上诉状

上诉人（原审被告人）：张×××，男，××××年××月××日出生，汉族，××省××市房地产开发公司综合办公室负责人，住××省××市××××路××号。

上诉人张××贪污一案，于××××年××月××日收到××市中级人民法院××××年××月××日（××××）×刑初字第××号刑事判决，现因不服该判决，提出上诉。

上诉请求：

撤销××市中级人民法院××××年××月×××日（××××）×刑初字第××号刑事判决，改判上诉人无罪。

上诉理由：

××市中级人民法院××××年××月××日（××××）×刑初字第××号刑事判决认定上诉人“身为××市房地产开发公司综合办公室负责人，于××××年××月至××××年××月，受领导指派负责××市重点工程××××村住宅楼板缝漏水修复工程期间，采取欺骗、偷工减料和隐瞒工程实际消耗料量等手段……从中侵吞公款××××元，合计侵吞工程料款××××元”，这并不符合客观事实。

1. ××××村住宅楼板缝漏水修复工程并非“领导指派”，而是上诉人个人向××市房地产开发公司承包。

2. 上诉人承包该项工程，发包人只垫付购料款，并没有给工程费。上诉人……

3. 第一审判决认定上诉人隐瞒库存材料数量，属于贪污行为，是没有根据的。该项工程尚未竣工……事实证明，上诉人填写存料单后，库存的材料仍继续用于施工，上诉人并未占为己有，所以存料单不能作为定案的依据。

4. 上诉人用支票套取现金，全部用于工程支出，账目清楚，上诉人未占用分毫。这种做法虽然违反财经纪律，但绝对不是贪污。

5. 工程尚在进行，未做竣工验收，也未做鉴定，认定上诉人“偷工减料”是没有依据的。

可见，上诉人既无贪污的故意，也无将公共财产据为己有的行为。上诉人只是在修复工程中，在工程款尚未下拨的情况下，违反财经纪律，筹措资金进行施工，其行为虽有错误，但不属犯罪行为。第一审判决由于错误认定事实，导致定性错误，据此认定上诉人构成贪污罪，判处死刑，剥夺政治权利，实属错判。为此，特向你院提出上诉，请依法撤销 ×× 市中级人民法院的第一审判决，宣告上诉人无罪。

此致

×× 省高级人民法院

附：（略）

上诉人：张 ×××

×××× 年 ×× 月 ×× 日

8.9　行政上诉状

行政上诉状是行政诉讼当事人不服地方各级人民法院第一审未生效的行政判决或裁定，在法定的上诉期限内，向上一级人民法院提出上诉，要求重新审理，并请求撤销或变更原判决的法律文书。

行政上诉状是当事人行使上诉权的书面表现形式，能够引起第二审程序的发生，是第二审人民法院依法对上诉案件进行审理和判决的基础和依据。

8.9.1　格式写法

行政上诉状由首部、正文和尾部三部分组成。

1. 首部

首部包括标题和当事人的基本情况。

（1）标题，在文书顶端居中书写文书名称“行政上诉状”。

（2）当事人的基本情况，即按上诉人、被上诉人的顺序依次写明各自的基本情况，并分别在其后面用括号注明其在第一审中的诉讼地位。当事人为自然人的，应写明姓名、性别、年龄、民族、籍贯、职业、工作单位及职务、住址；当事人是法人或者其他组织的，应写明单位名称、法定代表人、住所地、联系方式和邮政编码等；如果是行政机关作为被上诉人的，则应写明行政机关的名称、法定代表人和住所地。

2. 正文

正文包括上诉事由、上诉请求、上诉理由三个部分。

（1）上诉事由，应写明上诉人因何案不服何法院何字号的判决或裁定而提出上诉。具体可表述为："上诉人 ××× 因 ×××× 一案，不服 ×××× 人民法院 ×××× 年 ×× 月 ×× 日的（××××）× 行初字第 ×× 号判决或裁定，现提出上诉。"

（2）上诉请求，针对原判决或裁决的不当之处，向上一级人民法院提出明确具体的请求，即要求第二审人民法院撤销、变更原判决或重新审理。上诉请求可分点列出或分层叙述。

（3）上诉理由，针对原判决在认定事实、适用法律方面存在的问题，引用有关法律、法规，进行有理有据的论述。制作时，首先，要对第一审判决或裁定进行认真分析，找出其中存在的问题进行反驳；其次，要抓住主要的关键性问题，切忌在枝节问题上纠缠。如有新的证据，应一并提供给第二审人民法院。

3. 尾部

尾部包括致送机关、附项和落款。

（1）致送机关，即在正文左下角分两行书写"此致""×××× 人民法院"。

（2）附项，即写明本上诉状副本的份数和证据。

（3）落款，即由上诉人签名或盖章，并注明上诉日期。

8.9.2 写作注意事项

制作行政上诉状时，项目要齐全，上诉请求要明确具体，上诉理由要有理有据。

8.9.3　范文示例

行政上诉状

上诉人（原审第三人）：×××× 有限公司，住所地：××××。

法定代表人：王 ××，职务：×××× 有限公司董事长。

被上诉人（原审原告）：周 ××，男，×××× 年 ×× 月 ×× 日出生，汉族，住 ×× 市 ×××× 路 ×××× 家属院。

被上诉人（原审原告）：×××，××××。

…………

上诉请求：

1. 要求撤销 ×× 市 ×××× 人民法院（××××）× 行初字第 ×× 号《行政判决书》；

2. 改判驳回第一审周 ×× 等 9 名原告的诉讼请求。

事实与理由：

一、第一审原告周 ×× 等人采取欺骗的手段在法院立案，应驳回周 ×× 等人的诉讼请求

…………

二、第一审原告周 ×× 等人不具备诉讼主体资格

1. 第一审原告周 ×× 等人不是本次具体行政行为的相对人

…………

2. 本次具体行政行为对第一审原告周 ×× 等人的权利义务没有实质性影响

…………

三、本案的诉讼请求没有实际意义，应裁定驳回诉讼请求

…………

因此，应驳回第一审原告周 ×× 等人的诉讼请求。

四、第一审人民法院认定 ×××× 为集体企业与事实不符

…………

五、第一审人民法院认定 ×× 市市场监督管理局做出具体行政行为的依据超出了 ×× 市市场监督管理局的举证范围

第一审人民法院认为……

六、×× 市市场监督管理局的核准行为程序公正、事实清楚、适用法律准确，应予以维持

…………

综上所述，上诉人认为第一审人民法院在审理行政案件过程中，忽视了行政案件与民事案件的不同，不仅全面审查了被告 ×× 市市场监督管理局的证据，还全面审查了原告提供的与本案无关的全部证据，将原告的个别证据当成了被告 ×× 市市场监督管理局做出具体行政行为的证据了，以至于误认定 ×× 市市场监督管理局没有基础依据而作出了错误的判决。

因此，上诉人希望第二审人民法院查明案件事实，依法撤销第一审判决，驳回周 ×× 等人的无理诉讼请求。

此致

×× 市中级人民法院

附：（略）

上诉人：×××× 有限公司

法定代表人：王 ××

×××× 年 ×× 月 ×× 日

8.10 民事反诉状

民事反诉状，即民事诉讼的被告在第一审民事审判过程中，就原告起诉的同一事实，向人民法院提交的请求适用同一诉讼程序与原告的起诉合并审理，并追究原告相应民事责任的法律文书。

在民事诉讼中，被告针对原告提出反诉是被告在诉讼中享有的权利，目的在于就原告起诉的同一事实阐述原告应当承担的相应责任，请求人民法院适用同一诉讼程序并与原告的诉讼作为同一诉讼案件合并审理，进而追究原告应负的民事责任。因此，民事反诉状是被告指控原告的书面依据，也是人民法院对原告的本诉、被告的反诉适用同一诉讼程序合并审理的基础。

民事案件的反诉，既可以抵消、排斥、吞并原告所主张的权利，也可以使本诉原告的诉讼请求部分或全部丧失，甚至超出本诉原告所主张的权利范围。

8.10.1　格式写法

民事反诉状由首部、正文和尾部三部分组成。

1. 首部

首部包括标题和当事人的基本情况。

（1）标题，即在文书顶端居中书写文书名称“民事反诉状”。

（2）当事人的基本情况，即按照反诉原告、反诉被告的顺序依次写明其基本情况，并用括号注明其在本诉中的诉讼地位。当事人是自然人的，应依次写明其姓名、性别、出生日期、民族、职业、工作单位和住址、联系方式。当事人是未成年人或者精神病人的，则应在当事人下面另起一行书写法定代理人的基本情况。当事人是法人或者其他组织的，应依次写明单位名称、住所地，以及法定代表人或主要负责人的姓名、职务等。反诉原告反诉时已经委托诉讼代理人的，应在反诉原告及其法定代理人 / 指定代理人或法定代表人 / 主要负责人项下，另起一行书写诉讼代理人的基本情况。

2. 正文

正文包括反诉请求；事实与理由；证据和证据来源，证人姓名和住所。

（1）反诉请求，即反诉人向法院提出的，要求作出某种裁判的请求。反诉请求的内容必须针对本诉的事实提出。

（2）事实与理由。首先，按照时序法叙述案件发生的时间、地点、所涉及的人物、纠纷的起因、具体过程、造成的后果等；然后，以反诉事实为基础，结合相关法律法规，分析反诉被告的行为性质，指出其行为给反诉原告造成的损失，阐明应当承担民事责任的理由；最后，引用有关法律条文，作为提起反诉的法律依据。

（3）证据和证据来源，证人姓名和住所，列举能够证明反诉事实成立的证据。证据必须确实、充分。

3. 尾部

尾部包括致送机关、附项、落款。

（1）致送机关，即在正文左下角分两行书写“此致”“×××× 人民法院”。

（2）附项，即写明本反诉状副本的份数。

（3）落款，即由反诉人署名，并注明制作反诉状的日期。

8.10.2 写作注意事项

民事反诉状中反诉请求的提出必须符合法律规定的条件，否则反诉不能成立。

民事反诉状中提出的反诉请求必须与原告的本诉具有关联性，即应基于同一事实和同一争议内容。与此同时，应以证据证明反诉请求的合理性、合法性，以对抗本诉中的诉讼请求。

反诉状中应当注重驳斥原告诉讼请求的证据的运用，以求得人民法院的支持和司法的公正。

8.10.3 范文示例

民事反诉状

反诉人（本诉被告）：×××，又名 ×××，男，×××× 年 ×× 月 ×× 日出生，汉族，住 ×× 市 ×× 区 ×××× 路。

被反诉人（本诉原告）：×××，男，×××× 年 ×× 月 ×× 日出生，汉族，住 ×× 省 ×× 县 ×× 乡 ×××× 村。

因被反诉人诉反诉人房屋租赁合同纠纷一案，现依法对被反诉人提起反诉如下：

反诉请求：

1. 判令被反诉人继续履行《房层租赁合同》，如果不继续履行，应向反诉人支付违约金 ×××× 元，并扣除履约保证金 ×××× 元；

2. 判令被反诉人承担本案全部诉讼费用。

事实与理由：

一、被反诉人的起诉与事实不符，没有事实依据，其应当继续履行《房屋租赁合同》。

反诉人于 ×××× 年 ×× 月 ×× 日与被反诉人签订了《房屋租房合同》，依据合同约定：租期为 ×× 年，租赁期限至 ×××× 年 ×× 月 ×× 日。被反诉人以反诉人 ×××× 为由解除合同，没有事实依据。……

二、被反诉人如果不继续履行《房屋租赁合同》，应向反诉人支付违约金 ×××× 元，并扣除履约保证金 ×××× 元。

…………

三、依据《中华人民共和国民法典》合同编第 ×××× 条的规定，已经生效的合同应依法履行。而本案中被反诉人自知生意亏损，为了减少损失而提起恶意诉讼，违背了我国诚实守信的契约精神，不应得到法院的支持。

综上所述，被反诉人起诉状所诉与事实不符，没有事实根据，法院不应支持其诉讼请求；被反诉人提前解除合同，违反合同约定，属于违约行为，应承担违约责任，请求法院依法判决，支持反诉人的反诉请求。

此致

×××× 人民法院

附项：（略）

反诉人：×××

×××× 年 ×× 月 ×× 日

8.11　刑事反诉状

刑事反诉状，即刑事自诉案件的被告人，在第一次刑事审判过程中，就自诉人起诉的同一纠纷事实反过来再起诉自诉人时所制作的法律文书。

8.11.1　格式写法

刑事反诉状由首部、正文和尾部三部分组成。

1. 首部

首部包括标题和当事人的基本情况。

（1）标题，即在文书顶端居中书写文书名称“刑事反诉案”。

（2）当事人的基本情况，依次写明反诉人、被反诉人的姓名、性别、出生日期、民族、籍贯、职业、工作单位及职务、住址等；用括号注明其在本诉中的诉讼地位，如反诉人（本诉被告人）、被反诉人（本诉自诉人）。

2. 正文

正文包括反诉请求、事实与理由、证据表述。

（1）反诉请求，即写明追究被反诉人的刑事责任。反诉请求必须针对本诉事实提出，不能超越。

（2）事实与理由。首先，围绕反诉的请求重点叙述提起反诉所依据的事实、被反诉人的过错及其应当承担的刑事责任；然后，以反诉事实为依据，以法律为准绳，分析被反诉人行为的性质及其应当承担的法律责任，并引述法律条文，作为提出反诉的法律依据。

（3）证据表述，即写明证据和证据来源，证人的姓名和住址。

3. 尾部

尾部包括致送机关、附项和落款。

（1）致送机关，即在正文左下角分两行书写“此致”“×××× 人民法院”。

（2）附项，即写明本反诉状副本的份数。

（3）落款，即由反诉人签名，并注明制作反诉状的日期。

8.11.2 写作注意事项

在写作刑事反诉状时，事实与理由要写得清楚、透彻，描述事实和说明理由时要紧扣争议的焦点所在。

8.11.3　范文示例

刑事反诉状

反诉人（本诉被告人）：陈 ××，女，×××× 年 ×× 月 ×× 日出生，汉族，住 ×× 市 ×× 区 ×××× 路。

被反诉人（本诉自诉人）：朱 ××，男，×××× 年 ×× 月 ×× 日出生，汉族，住 ×× 市 ×× 区 ×××× 路。

…………

反诉请求：

1. 依法追究被反诉人非法入侵他人住宅罪的刑事责任；

2. 依法驳回被反诉人的诉讼请求。

事实与理由：

×××× 年 ×× 月 ×× 日晚 ×× 时左右，被反诉人朱 ×× 与张 ××、王 ×× 等人一起前往反诉人家中寻衅滋事，先是敲打反诉人家的大门，导致大门损坏，后被反诉人踹开反诉人西屋木门进入家中，和张 ××、王 ×× 共同殴打反诉人母子，之后又在反诉人门口共同殴打反诉人母子。在反诉人逃跑后，被反诉人朱 ×× 和王 ×× 追打反诉人；在反诉人感觉事态平息返回家中后，张 ×× 手持瓦片进入客厅砸向反诉人头部，导致反诉人两颗牙齿被打断。被反诉人朱 ×× 和张 ××、王 ×× 夜闯民宅实施殴打行为造成反诉人母子住院治疗。被反诉人的行为违反《中华人民共和国宪法》第 ×××× 条之规定，应当依照《中华人民共和国刑法》第 ×××× 条之规定追究其非法入侵他人住宅罪的刑事责任。

此致

×× 市 ×× 区人民法院

附：（略）

反诉人：陈 ××

×××× 年 ×× 月 ×× 日

8.12 民事申诉状

民事申诉状，即民事诉讼当事人不服人民法院作出的已经发生法律效力的民事判决书、裁定书和调解书，依法申请人民法院再次审理此案的法律文书。

民事申诉状是当事人行使申诉权的书面意思表示，当事人向有关人民法院提交申诉状，其作用在于：其一，维护申诉人的合法权益。申诉人认为生效的判决、裁定有误，损害了自己的合法权益，如果其请求正确合理，事实与理由属实充分，使人民法院作出新的裁判，能够有效地维护申诉人的合法权益。其二，有助于维护法律的尊严。实事求是，有错必纠是社会主义法制的重要原则，允许申诉人提出申诉请求，有利于人民法院本着对法律尊严负责的态度，坚持正确，改正错误，从而有效地维护法律的稳定性与严肃性。其三，申诉人提出申诉，是人民法院再审案件的来源之一，人民法院通过申诉人提出的申诉请求，对其审判工作进行监督、审查，以保证审判质量，维护人民法院的威信。

根据法律规定，当事人的申诉必须具有下列情形：有新的证据，足以推翻原判决、裁定的；原判决、裁定认定事实的主要证据不足的；原判决、裁定适用法律确有错误的；人民法院违反法定程序，可能影响案件正确判决、裁定的；审判人员在审理该案时有贪污受贿、徇私舞弊、枉法裁判行为的；当事人的申请应该在判决、裁定生效后 2 年内提出。人民法院对于不符合上述条件的申诉，予以驳回。

8.12.1 格式写法

民事申诉状由首部、正文和尾部三部分组成。

1. 首部

首部包括标题和当事人的基本情况。

（1）标题，在文书顶端居中书写文书名称“民事申诉状”。

（2）当事人的基本情况，依次写明申诉人、被申诉人各自的基本情况。

2. 正文

正文包括申诉事由、请求事项、事实与理由。

（1）申诉事由，应写明申诉的案件名称，作出生效判决、裁定的人民法院的名称、判决编号及制作日期，并表明对该判决不服，提出申诉。

（2）请求事项，简明扼要地写明申诉人要求人民法院依法撤销或变更原审错误的生效判决或调解书，以及如何对其错误进行改判的具体请求。提出多项请求的，应按主次顺序分项列明。

（3）事实与理由，通常从原判决或裁定认定的事实、引用法律和诉讼程序是否合法等方面进行辩驳，并写明请求再审的法律依据。

3. 尾部

尾部包括致送机关、附项和落款。

（1）致送机关，即在正文左下角分两行书写“此致”“×××× 人民法院”。

（2）附项，即写明本申诉书副本的份数，以及应附的其他材料。

（3）落款，即由申诉人署名，并注明申诉书的制作日期。

8.12.2　写作注意事项

申诉请求必须根据有关法律条款规定，在陈述事实，归纳理由的基础上，推导出合理合法的申诉请求。

提出申诉应针对原审裁判或调解的错误予以集中反驳，从而全部或部分地否定原审裁判；切忌无的放矢，东拉西扯。

申诉事实和证据必须真实可靠，而且注意发掘原审时没有发现的新事实、新证据。

8.12.3　范文示例

民事申诉状

申诉人（原审原告）：×××× 有限公司，住所地：×× 市 ×××× 路 ×× 号。

法定代表人：×××，职务：经理。

被申诉人（原审被告）：×××× 网络公司，住所地：×× 市 ×××× 路 ×× 号。

法定代表人：×××，职务：经理。

申诉人对 ×× 市 ×× 区人民法院 ×××× 年 ×× 月 ×× 日（××××）××× 字第 ×× 号判决不服，特向人民法院提起申诉。

请求事项：

1. 撤销 ×× 市 ×× 区人民法院（××××）××× 字第 ×× 号判决；

2. 退还货款 ×× 万元并支付违约金 ×× 万元。

事实与理由：

…………

基于上述事实，特向人民法院提起申诉，请求人民法院重新审理本案，撤销原判决，判令 ×××× 网络公司退还货款 ×× 万元并支付违约金 ×× 万元，以维护申诉人的合法权益。

此致

×× 省高级人民法院

附：（略）

申诉人：×××× 有限公司

×××× 年 ×× 月 ×× 日

8.13　刑事申诉状

刑事申诉状，是指刑事诉讼当事人及其法定代理人、近亲属、被害人对已经发生法律效力的刑事判决或裁定，依法申请人民法院或者人民检察院重新审理时制作的法律文书。

8.13.1　格式写法

刑事申诉状由首部、正文和尾部三部分组成。

1. 首部

首部包括标题和当事人的基本情况。

（1）标题，即在文书顶端居中书写文书名称“刑事申诉状”。

（2）当事人的基本情况，应写明姓名、性别、出生日期、民族、籍贯、职业、工作单位及职务、住址等基本情况；律师需写明姓名及其所在律师事务所名称。申诉人是在押犯或服刑犯的，还应写明在押或服刑处所。申诉人是被告人的法定代理人或近亲属的，应先写明其姓名、年龄、职业等身份事项，并注明其与在押犯或服刑犯的关系；然后另起一行列项写明在押或服刑犯本人的基本情况。

2. 正文

正文包括申诉事由、请求事项、事实与理由。

（1）申诉事由，写明申诉人因何案件对何人民法院的何年何月何日的何字号的判决或裁定提出申诉。具体可表述为：“申诉人因 ×××× 一案，对 ×××× 人民法院 ×××× 年 ×× 月 ×× 日（××××）××× 字第 × 号刑事判决（或裁定），提出申诉。”

（2）请求事项，简明扼要地指出已经生效的刑事判决有何错误或不当之处，并提出请求司法机关对该案做何处理，是请求检察机关提出抗诉，还是请求法院进行再审。如果是请求法院再审的，还需进一步明确具体地提出要求法院变更错误的生效裁判，或者是撤销错误的裁判，或者是请求重新审判。

（3）事实与理由。首先，叙述原裁判认定的事实和裁判结果；然后，指出原裁判存在的错误或不当之处，并实事求是地说明事实的真相。本案如经过多次判决，应按最后一次判决认定的事实书写。之后另起一段阐明申诉的具体理由，最后阐明申诉的法律依据和请求。

3. 尾部

尾部包括致送机关、附项和落款。

（1）致送机关，即在正文的左下角分两行书写“此致”“×××× 人民法院（或 ×××× 人民检察院）”。

（2）附项，即写明原审判决书复印件的份数。

（3）落款，即由申诉人签名，并注明制作申诉状的日期。

8.13.2 写作注意事项

在写作请求事项时，应根据具体案情书写，因案而异，并且要符合法律规定。

在阐述申诉理由时，将原生效判决中的主要错误问题放到前面阐明，将次要错误问题放到后面阐明。

8.13.3 范文示例

刑事申诉状

申诉人：刘××（被害人刘××之兄），男，××××年××月××日出生，汉族，××市人，××市××××中学教师，住××××中学××号楼××单元××××室。

申诉人因彭××故意伤害案，不服××市高级人民法院××××年××月××日作出的（××××）××刑终字第××号刑事判决，现提出申诉。理由如下：

一、原判决法律定性错误

判决书认定彭××构成故意伤害罪（致人死亡）属于定性错误，申诉人认为彭××的行为已经构成故意杀人罪。案件发生过程中，被害人刘××并未对彭××及其他任何人造成人身威胁……可见，彭××主观上有杀人的故意，而非伤害的故意。

二、原判决认定事实错误

原判决书认定……这与事实真相不符。事实是：被害人的母亲多次去找××××建筑队要求解决工作问题，均遭到建筑队队长袁××殴打。为此，被害人母亲曾找××区委和××××人民法院，但均未获得满意处理。××月××日，被害人母亲找到建筑队负责人杨××后，又遭到杨××打骂，然后杨××说要坐车去医院，被害人母亲因为遭到殴打，拦住车不让他走，他们强行将被害人母亲拉开，开车把杨××送走了。申诉人和母亲也步行去了医院，整个过程中受害人刘 ×× 根本不在现场，何来“拦截”和“挑衅”呢？此后，中午 ×× 时许，被害人刘 ×× 找申诉人的母亲回家吃饭，彭 ×× 这时从仓库拿出 ×××× 刀，不由分说上来一刀刺中被害人的心脏部位，然后穿过马路逃跑了。彭 ×× 持刀刺死被害人并逃跑的事实，为什么判决书中只字不提呢？

综上所述，×× 高级人民法院终审判决书根据《中华人民共和国刑法》第 ×××× 条第 ×× 款的规定，以故意伤害罪判处彭 ×× 有期徒刑 × 年，实属认定事实错误，定性不准确，并由此导致适用法律错误。申诉人认为，彭 ×× 的行为已经触犯《中华人民共和国刑法》第 ×××× 条的规定，应定为故意杀人罪，并从重处罚。为此，特向你院提起申诉，请依法严惩彭 ××，替申诉人的弟弟刘 ×× 申冤，以捍卫国家法律的尊严，保护公民的合法人身权。

此致

×× 市高级人民法院

附：（略）

申诉人：刘 ××

×××× 年 ×× 月 ×× 日

8.14　行政申诉状

行政申诉状，即行政诉讼当事人不服人民法院作出的已经发生法律效力的行政判决或裁定，申请人民法院再次审理此案时制作的法律文书。

当事人通过行政申诉状，不但可以维护自己的合法权益，而且在客观上能及时地纠正人民法院判决或裁定中可能出现的失误，因此，可以对人民法院的行政审判工作起到监督作用，做到有法可依、有法必依、执法必严、违法必究，达到维护法律、法规的严肃性的目的。

8.14.1 格式写法

行政申诉状由首部、正文和尾部三部分组成。

1. 首部

首部包括标题和申诉人的基本情况。

（1）标题，在文书顶端居中书写文书名称“申诉状”。

（2）申诉人的基本情况。在申诉人之后，用括号注明申诉人在原审中的诉讼地位。原审属第一审程序的，注明是原告或者被告；原审属第二审程序的，注明是上诉人或者被上诉人。在基本情况部分：申诉人是行政机关的，应写明其全称，法定代表人的姓名、职务；申诉人是其他组织的，应写明其名称，主要负责人的姓名、职务；申诉人是公民的，应写明其姓名、性别、出生日期、民族、职业、住址。

如果申诉人不止一个，则应依次将基本情况列明。

2. 正文

正文由申诉事由、申诉请求、事实与理由三部分组成。

（1）申诉事由，写明案件的案由、原处理机关名称、处理时间、处理法律文书的名称及编号等。具体可表述为：“申诉人 ×××（姓名）因 ×××× 一案，不服 ×××× 人民法院 ×××× 年 ×× 月 ×× 日（××××）××× 字第 ×× 号行政判决（或裁定），现提出申诉。申诉请求和理由如下：”

（2）申诉请求，即申诉人提出的具体要求。写明请求人民法院予以解决何问题，说明原来的处理有何不当，要求予以撤销或变更的意见，以供人民法院审查时考虑。

（3）事实与理由。首先，应对作出原生效裁判或决定的机关认定事实和证据的结果及过程进行简要概括；其次，有针对性地阐明原生效裁判或决定的错误、不妥之处，包括认定事实错误，事实不清、证据不足，适用法律错误，严重违反法定的诉讼程序等；最后，陈述正确的事实，并运用证据材料对自己主张的事实的真实性进行论证，并运用法律对自己提出的申诉请求的合理性、合法性加以分析，以引起受案机关的重视。

3. 尾部

尾部包括致送机关、附项和落款。

（1）致送机关，即在正文左下角书写“此致”，另起一行顶格写“××××人民法院”。

（2）附项，即写明案卷名称和份数。如果有新的证人或其他证据，应当列明。

（3）落款，即由申诉人签名或盖章，并注明提交申诉状的日期。

8.14.2　写作注意事项

在提交行政申诉状的同时，也可以提出暂行停止执行的申请，经人民法院审查后，如果认为申请有理，可以裁定暂停对已生效判决或裁定的执行。

当事人的称谓要规范、准确，并且应注明在原生效判决或裁定中的诉讼地位。

在提出不服原判的论点后，充分运用事实论据进行说理、反驳及论证。

在阐述理由时，一定要紧扣案件的事实和有关法律、法规。绝不能把未经查证的传闻写进申诉状中。

8.14.3　范文示例

行政申诉状

申诉人吴××，男，××××年××月××日生，汉族，出生地××省××县，原任××县××食品有限公司总经理，住××省××县××镇××××路××号。

申诉人吴××因××省××县乡镇企业管理局任免决定一案，不服××省高级人民法院（××××）××终字第××号行政判决，现提出申诉。

请求事项：

1. 请求撤销××省高级人民法院（××××）××终字第××号行政判决；

2. 维持××省××市中级人民法院（××××）×××字第××号行政判决。

事实与理由：

申诉人认为，×× 省高级人民法院所作出的维持 ×× 县乡镇企业管理局 ×××× 年 ×× 月 ×× 日 ×× 乡企（××××）×× 号“关于 ×× 县 ×× 食品有限公司总经理任免的通知”的第二审判决认定事实错误、适用法律不当、诉讼程序错误。

一、认定事实错误。

…………

二、适用法律不当。

…………

三、诉讼程序错误。

…………

鉴于以上事实与理由，申诉人认为，第二审判决确有错误，故特申请再审，以维护法律的公正。

此致

×××× 人民法院

附：（略）

申诉人：吴 ××

×××× 年 ×× 月 ×× 日

8.15　辩护词

在刑事案件的审判阶段，被告人除自己行使辩护权外，还可以委托律师、近亲属、监护人、人民团体或被告人所在单位推荐的人以及经人民法院许可的公民出庭辩护。辩护人的职责是根据事实和法律，提出证明被告人无罪、罪轻或者减轻、免除其刑事责任的材料和意见，维护被告人的合法权益。

辩护词，即刑事案件的辩护人在参与诉讼过程中，根据事实和法律，提出有利于被告人的材料和意见，部分或全部地对控诉的内容进行申述和辩解，反驳控诉，证明被告人无罪、罪轻，或者减轻甚至免除刑事责任的法庭演说词。

一份观点明确、论理深刻、逻辑严谨、富有说服力的辩护词，能够系统而准确地反映辩护人对案件的看法及要求，从不同的角度剖析案件事实，论证案件性质，提出适用法律的意见；通过辩护词，使人民法院客观、全面地了解案情，查明案情真相，分清是非曲直，正确定罪量刑，使案件得到正确、合理的处理，这对维护法律的尊严、保护被告人的合法权益具有重大积极意义。

8.15.1 格式写法

辩护词一般由首部、正文和尾部三部分组成。

1. 首部

首部包括标题和称谓。

（1）标题，在文书顶端居中书写文书名称“辩护词”。

（2）称谓，即在标题之下顶格写明对法庭审判人员的称呼，如“审判长、审判员”或“审判长、人民陪审员”。由审判员一人独任审判的，则只写“审判员”。

2. 正文

正文包括前言、主体和结尾。

（1）前言，即辩护词的开场白，主要交代以下内容：其一，介绍辩护人的合法身份（说明受谁委托或指定，或为谁辩护），应引用相关的法律依据。其二，说明辩护人出庭前的工作简况，一般应写明辩护人在接受委托后查阅案卷、会见被告人、调查取证的情况等。其三，概括提出辩护的基本观点。前言写作已形成一种比较固定、通用的表达方式：“根据《中华人民共和国刑事诉讼法》第 ×××× 条的规定，×× 省 ×× 市 ×××× 律师事务所接受本案被告人 ××× 的委托，指派我担任被告人的辩护人，参与本案的诉讼活动。开庭前，我仔细查阅了本案案卷材料，并会见了被告人，进行了大量的调查取证工作，并听取了刚才的法庭调查。经过认真的调查和严密的分析，辩护人认为……现依法发表如下辩护意见：”

（2）主体，即辩护人集中发表辩护理由的部分，是辩护词的重点部分和核心内容。辩护理由部分应围绕公诉机关所指控的罪名，从认定事实、证据、法律等不同方面进行分析，找出并论证控诉方在事实认定、证据效力、适用法律等方面的错误、漏洞和疑点，反驳其指控。

（3）结尾，即辩护词的结束语。在结尾部分，应先对辩护观点进行小结，概括全文，归纳辩护词的中心思想，简要提出对本案处理的意见和要求；然后用“我的发言完了，谢谢审判长、审判员”结尾。

3. 尾部

尾部包括致送机关和署名。

（1）致送机关，即在正文左下角第一行写“此致”，第二行顶格写“××××人民法院”。

（2）署名，即写明制作辩护词的律师的姓名及其所在的律师事务所名称；同时，注明发表辩护词的日期。

8.15.2 写作注意事项

辩护词的正文应紧密围绕案件事实、案件适用的法律与程序等重大辩护理由来写，强调对案件整体的全面把握和深刻洞悉，要明确重点，确定主攻方向，切忌漫无目的，泛泛而谈；按照主次轻重顺序依次排列，分项论证。

辩护词中所使用的语言要严谨平实，不卑不亢，不得强词夺理，无理狡辩，更不能用讽刺、挖苦的语言对他人进行人身攻击。

8.15.3 范文示例

辩护词

审判长、审判员：

根据《中华人民共和国刑事诉讼法》第××××条的规定，××××律师事务所接受被告人张××、王××、孔××贪污一案中被告人张××的委托，指派本律师担任被告人张××的辩护人，参加本案诉讼。接受委托后，本律师会见了被告人，查阅了本案材料，对有关单位和人员进行了调查访问，并听取了刚才的法庭调查。在此，提出辩护意见如下：

本案的事实是清楚的，辩护人没有异议。控、辩双方争议的焦点是……

一、本案涉及的客体属于我国民事法律保护范围

…………

辩护人认为，本案被告人张 ×× 等人的 ×××× 行为属于民法的调整范围……被告人的行为并没有侵犯被刑法保护的社会关系，不应按犯罪论处。

二、被告人没有贪污公共财物的主观故意

本案卷宗材料中多处反映出被告人张 ×× 在实施行为时的主观思想是："既然东西是白捡的，那么卖了之后可以额外增加些收入""个人由于以往没有这样的好事，为大家办了些事，以前也没有多少好处，这次应该分一些"以及"上级有规定可以按收入的 23.5% 计提个人报酬"。被告人所述"东西是白捡的"，正是表明了被告人认为这些柴油和机油是他人的遗失物，而并非某一特定单位或国家的公共财产，也就说明，他们并无"贪污公共财物"的主观故意。正是在这种思想指导下，被告人张 ×× 及其他被告人才实施了 ×××× 的行为。……辩护人认为，被告人不具有贪污犯罪的主观故意，故贪污罪不能成立。

三、应正确看待变卖款项的分配

…………

综上所述，辩护人认为，被告人张 ×× 等人在发现他人遗失物后，本应将这些物品妥善保管并按规定移送上级主管部门统一处理，却超越职权变卖了实物，并将部分所得予以分配。这些行为不属于我国刑法的调整范围，其行为特征也不符合贪污犯罪及其他犯罪的构成要件，因此，应判决被告人……

以上意见，希望法庭采纳。

此致

×××× 人民法院

×××× 律师事务所

律师：李 ××

×××× 年 ×× 月 ×× 日

8.16 代理词

代理词，即民事、行政案件的当事人，刑事案件的被害人以及刑事附带民事案件的原告、被告所委托的诉讼代理人，在法庭审理阶段，为维护其所代表的一方的合法权益，发表的指控、答辩的演说词。

代理词对案情有较详细的陈述和分析，为客观地认定事实和正确地适用法律奠定了基础，同时对人民群众具有法制宣传教育的作用。

代理词可以依据不同的标准进行划分：按照诉讼程序的不同，可分为第一审代理词、第二审代理词和再审代理词；按照案件性质的不同，可分为刑事案件代理词、民事案件代理词和行政案件代理词；按照委托人的身份不同，可分为原告代理词、被告代理词和第三人代理词。

8.16.1 格式写法

代理词一般由首部、正文和尾部三部分组成。

1. 首部

首部包括标题和称谓。

（1）标题，在文书顶端居中书写文书名称“代理词”。

（2）称谓，在标题下一行顶格写明对法庭审判人员的称呼，如“审判长、审判员”或“审判长、人民陪审员”。由审判员一人独任审理的，则只写“审判员”。

2. 正文

正文包括前言、主体和结尾。

（1）前言，主要写明以下几方面的内容：其一，说明代理人出庭的法律依据及代理权限；其二，简明扼要地说明代理人在出庭前为此案进行的工作简况，一般应写明律师在接受委托后查阅案卷、会见当事人、调查取证的情况等；其三，概括提出对全案的基本观点。在实践中，前言已形成较固定的表达方式：“我（们）受××××律师事务所的指派，担任本案原告（被告、第三人、上诉人、被上诉人、附带民事诉讼原告人、附带民事诉讼被告人）的诉讼代理人，今天依法出席法庭的审理活动。开庭前，我认真听取了我的当事人所介绍的情况，查阅了案件有关材料，并展开调查，搜集了相关的证据，刚才又参与了法庭调查，使我对本案的事实有了进一步认识，代理人认为……现发表如下代理意见：”

（2）主体，即代理意见。由于案件性质及审理程序的不同，被代理人进行诉讼的目的和要求不同，代理意见也不相同。原告代理人的代理意见，主要阐明案件事实、诉讼请求的依据和理由。被告代理人的代理意见，主要阐明反驳原告起诉的事实和起诉请求的依据、理由。上诉人代理人的代理意见，重点阐明否定第一审判决全部或部分的事实、根据和理由。被上诉人委托的律师的代理意见，着重阐明否定或反驳上诉人主张的事实、根据和理由。

（3）结尾，即代理词的结束语。这一部分主要是总结归纳代理意见，提出代理观点或主张，并向法庭提出希望采纳己方观点的主张，具体表明对本案的处理意见、建议和要求。

3. 尾部

尾部就是落款，即在代理词正文的右下角签署制作代理词的律师姓名及其所在的律师事务所名称，并注明制作代理词的日期。

8.16.2　写作注意事项

写作代理词时，应抓住双方在法庭上有可能产生分歧的争议焦点，有针对性地进行论证、反驳。

写作代理意见时，如果论述的问题不止一个，可以分层次进行阐述，以使其结构层次表达清晰、有序。

写作代理词时，引用法律、法规及相关司法解释必须准确、完整，切不可断章取义或者违反法律法规。

代理词写好后，可根据法庭审理中出现的新情况和新问题，及时修改和补充。在法庭辩论中，律师最好能将代理词的内容用口语的形式讲出，这既可节省时间，又能使代理意见更生动、更有说服力。

8.16.3 范文示例

代理词

审判长、审判员：

根据《中华人民共和国民事诉讼法》第××××条之规定，××××律师事务所接受××××燃器具总厂的委托，指派我们担任××××燃器具总厂的诉讼代理人。接受委托后，我们查阅、研究了本案材料，走访了省技术监督局、省法医研究中心、省消费协会等单位，对证人郑××、梁××进行了调查，并听取了刚才的法庭调查，在此，发表如下代理意见，供合议庭参考：

一、××××医学院的法医鉴定不具有排他性

起诉状称："××××医学院法医鉴定，确认死者李××的死因系使用热水器时吸入过量一氧化碳所致。"那么，××××医学院的法医鉴定是如何说的呢？鉴定书称："尸检中见死者尸斑呈潮红色，说明是由于一氧化碳的吸入而使血液失去携氧能力，以致造成急性缺氧症而导致死亡。"我们认为，××××医学院的法医鉴定缺乏科学性，不能排除还有其他致死原因。对迅速死亡的中毒者，法医鉴定的常规应当是提取死者的血液（其次是肌肉）为检验物，通过测定血液中的碳氧血红蛋白含量来确认其是否为一氧化碳中毒而死。……

二、李××即使是一氧化碳中毒，也与热水器本身无关

我们认为，即使李××是死于一氧化碳中毒，也与被告生产的热水器本身无关。

…………

三、即使是一氧化碳中毒死亡，也是李××使用不当造成的

…………

四、关于损害赔偿的因果关系问题

众所周知，对于损害赔偿案件，必须是原因事实和损害结果之间存在因果关系才能引起赔偿。

原告代理人混淆了两种不同的起诉。在庭审中，原告代理人用了大量篇幅来谈被告生产的××牌热水器的质量问题，好像只要证明××牌热水器存在质量问题，厂方就应对李××的死亡负赔偿责任。其实不然，因为我们

参加的是损害赔偿的诉讼，而非产品质量的诉讼。如果是产品质量之诉，原告只要证明热水器质量有问题，厂方就应负责，但损害赔偿之诉，原告不仅要证明李 ×× 家的那台热水器存在质量问题，而且必须证明这种质量问题是导致李 ×× 死亡的原因。而省消协及有关技术部门的现场检测已充分证明，被告生产的这台热水器不存在质量问题，也就不可能因为质量问题导致李 ×× 的死亡。

综上所述，我们认为，被告在本案中没有过错，不应承担任何赔偿责任，请驳回原告的诉讼请求。

×××× 律师事务所

律师：任 ××

×××× 年 ×× 月 ×× 日

8.17 财产保全申请书

财产保全申请书是在民事案件审理过程中，公民、法人或其他组织为维护自己的合法权益和保证将来裁判的执行，请求人民法院对诉讼标的物或与本案有关的财物采取某种强制措施时使用的文书。财产保全申请书是民事诉讼中重要的文书之一。

财产保全申请书分为诉讼中的财产保全申请书和诉讼前的财产保全申请书。诉讼中的财产保全申请书，是指在民事案件、经济案件中，对于可能因当事人的行为或其他原因，使将来的判决不能执行或难以执行，另一方当事人申请人民法院对对方当事人的财产或者有争议的标的物采取保全措施时制作的文书。诉讼前的财产保全申请书，是指在情况紧急下，利害关系人如果不立即申请财产保全将会使自己的合法权益受到难以弥补的损害，在起诉前向人民法院申请采取财产保全时所制作的文书。

8.17.1 格式写法

财产保全申请书由首部、正文和尾部三部分组成。

1. 首部

首部包括标题和当事人的基本情况。

（1）标题，即在文书顶端居中书写文书名称“财产保全申请书”。

（2）当事人的基本情况，分两种情况：当事人是自然人的，分别写明其姓名、性别、年龄、出生日期、籍贯、工作单位或职业、现家庭住址等；当事人是法人或其他组织的，分别写明其名称、住址、法定代表人姓名及职务。

2. 正文

正文包括申请事项、事实与理由、请求目的。

（1）申请事项，即写明需要采取保全措施的标的物名称、数量、价值。必须写明要求保全财产的总金额，如无法计算准确，也可以写作“或以相应价值的财产”。

（2）事实与理由。首先，写明申请人与被申请人因何发生纠纷，需要采取保全措施的标的物名称、数量、价值；其次，写明申请财产保全措施的原因，如被申请人有损毁、转移、挥霍、隐匿、出卖诉争标的物的迹象、行为与可能等，并举出证据；最后，论证理由，应着重根据有关事实和判断，说明实施财产保全措施的必要性和迫切性。

（3）请求目的。请求人民法院对被申请人的何项财产实施财产保全，以及采取何种方法（如查封、扣押、冻结等）实施财产保全；同时，还要表明自己是否提供担保以及提供何种担保。

3. 尾部

尾部包括致送机关、附项和落款。

（1）致送机关，即在正文左下角第一行书写“此致”，第二行顶格写“×××× 人民法院”。

（2）附项，除附上有关证据外，还应附上担保材料。

（3）落款，即由申请人签名或盖章，下一行注明申请日期。

8.17.2 写作注意事项

当事人书面申请诉讼中财产保全时，申请书中应向受诉人民法院说明申请诉讼财产保全的原因，请求保全的标的物或者有关财产的种类、数量、价额及所在地。

申请财产保全时，必须依照法定程序进行，不能任意提出。双方当事人的任何一方都可以向受诉人民法院申请财产保全，递交财产保全申请书。

8.17.3　范文示例

财产保全申请书

申请人：刘××，男，汉族，××××年××月××日出生，住××市××区××××镇××号。

被申请人：王××，男，汉族，××××年××月××日出生，住××市××区××××小区××号楼××单元××号。

申请事项：

立即冻结被申请人银行存款××××万元或查封、扣押被申请人相当于××××万元的其他财产。

事实及理由：

申请人已就申请人与被申请人借款合同纠纷争议向贵院提起诉讼。为了防止被申请人在诉讼期间转移财产，根据《中华人民共和国民事诉讼法》第××××条等相关规定，特申请贵院对被申请人采取冻结其银行存款××××万元或查封、扣押相当于××××万元财产的保全措施。被申请人房产（位于××市××区××××小区××号楼××单元××号，房产证号：××××）。如因采取保全措施不当造成被申请人财产损失的，由申请人承担责任。

此致

××市××××人民法院

附：（略）

申请人：×××

××××年××月××日

第9章 民用非诉讼法律文书

民用非诉讼法律文书，即民众在生产、生活、经营、学习中，为了某种需要而制作和使用的具有法律意义的文书或者书面凭证。尽管它以后可能成为诉讼中的证据，但制作它的目的，并不是为了诉讼。

9.1 法律意见书

法律意见书，是指律师对公民、法人或其他组织就社会生活和生产、经营、管理、流通领域中涉及法律的问题所提出的询问，经过调查了解，并参阅法规给予解答、做出说明、提出建议及解决问题办法的非诉讼法律文书。

法律意见书是律师为社会各界提供法律服务的一种重要方式，不仅能够为咨询者提供决策的指南，而且对日后避免产生纠纷也具有重要作用。

法律意见书的内容非常广泛，形式也是多种多样的，常见的有要件性法律意见书，审查性法律意见书，解疑性法律意见书，股票发行、上市、配股法律意见书等。

9.1.1 格式写法

法律意见书由首部、正文和尾部三部分组成。

1. 首部

首部包括标题和称谓。

（1）标题，在文书顶端居中书写“法律意见书”。

（2）称谓，即对文书接收对象的名称或姓名。

2. 正文

正文包括前言、主体和结尾。

（1）前言，说明自己回答法律咨询的合法身份，写明当事人委托或咨询的法律事项。

（2）主体，即法律意见。首先写明当事人委托或咨询的有关事务在事实、文件资料或法律政策上的依据，然后运用法律法规对上述事实做出分析和阐述，并给出肯定或否定的结论，即对当事人提请的事项的合法性、可行性等加以认定。

（3）结尾，注明“本法律意见书未经本律师同意，不得向第三方出示为证据使用”。

3. 尾部

尾部即署名。如果律师是以个人名义做出回答的，应写明“律师：×××”；如果律师是受律师事务所的指派做出回答的，应写明“×××× 律师事务所律师 ×××（姓名）”。同时，应注明出具法律意见书的时间。

9.1.2　写作注意事项

阐述法律意见时，应做到观点明确，论据充分，论证严密，科学可行。

9.1.3　范文示例

法律意见书

×××× 有限公司：

×××× 律师事务所为中华人民共和国司法行政机关依法批准、合法设立的在中华人民共和国境内具有从事法律服务资格的律师执业机构。现本所应贵司要求，指派本所律师 ××× 就贵司与 ×× 市 ×××× 设备有限公司买卖合同货款纠纷案的相关问题，根据贵司提供的文件资料，出具本法律意见书。

一、事由

×× 市 ×××× 设备有限公司诉贵司的买卖合同纠纷案件，业经 ××

市××区人民法院受理。

××市××××设备有限公司诉称：××市××××设备有限公司与贵司于××××年××月××日签订产品销售合同，由××市××××设备有限公司向贵司提供“××××”“××××”“××××”共三套游乐设备，贵司支付货款共计××××万元（大写：××××万元整），合同中约定货款分四个阶段付清。在履行过程中，贵司并未依约履行全部付款义务，尚欠××市××××设备有限公司货款××××万元（大写：××××万元整）。

二、法律意见

根据上诉事实，本所律师分别就该案件本诉及反诉部分提供以下法律意见，供贵司参考。

本诉部分：就贵司是否应当支付剩余货款××××万元及相应利息进行分析。

…………

反诉部分：就××市××××设备有限公司提供的“××××”设备存在质量问题给贵司造成经济损失进行分析。

…………

三、风险提示

综上分析，贵司若主张损失赔偿用以抵消对方要求支付尾款的诉请，存在较大的诉讼风险。

四、申明与承诺

1. 本法律意见书所载事实来源于本法律意见书出具之日前贵司的陈述和贵司提交的相关材料。贵司应保证，已向本所律师提供了出具本法律意见书所必需的全部有关事实材料，并且提供的所需文件均真实、合法、有效、完整，并无任何虚假记载、误导性陈述或重大遗漏，文件上所有的签名、印鉴均为真实，所有的复印件或副本均与原件或正本完全一致。若在本法律意见书出具后，贵司发现新的证据材料或者案件有新情况发生，请及时与本所律师联系，本所律师将根据新的证据材料和新的进程重新制作《法律意见书》。

2. 本法律意见书中对有关对账单、财务报告、处理意见报告中某些内容的引述，并不表明本所律师对该内容的真实性、准确性、合法性做出任何判断或保证。

3．本法律意见书仅根据并依赖于本法律意见书出具之日公布并生效的相关法律、法规，并参照部门规章等本国的法律、法规、规章出具。本所不能保证在本法律意见书出具之后所公布生效的任何法律、法规、规章对本法律意见书不产生影响。

4．本所律师已经严格履行了法定职责，遵循了勤勉、尽职、诚信的执业原则，由于本意见书的出具涉及对法官自由裁量权的评价，而法官依据自由裁量权最终作出何种判决并非律师所能掌控。对此，特提示贵司对本意见持谨慎采信态度。

5．本文件仅应贵司要求，供贵司参考，切勿外传。

××××律师事务所

律师：×××

××××年××月××日

9.2　合　同

合同，也称契约，是指民事法律关系中平等主体的自然人、法人或其他组织之间，设立、变更、终止民事权利义务关系的协议。

依法成立的合同，对当事人具有法律约束力。当事人应当按照约定履行自己的义务，不得擅自变更或者解除合同。只有依法成立的合同，才会对当事人具有法律约束力，并受到法律保护。合同一经订立，非经他方同意，任何一方不得擅自变更或解除。当事人必须依照合同全面履行义务，否则会受到法律的制裁。

根据不同的标准，可以从不同角度对合同进行分类：根据合同所产生的权利义务关系，是当事人单方还是双方承受，可将合同分为双务合同与单务合同；根据合同当事人取得权利有无代价，可将合同分为有偿合同和无偿合同；根据合同的成立是否需要交付标的物为标准，可将合同分为诺成合同与实践合同；根据合同的成立双方是否需要一定的形式要件，可将合同分为要式合同与不要式合同；根据法律对合同的名称、内容有无规定，可将合同分为有名合同与无名合同；根据两个合同之间是否存在主从关系或依附关系，可将合同分为主合同和从合同。

9.2.1 格式写法

合同的结构主要分为两种：一种是条款式结构，另一种是表格式结构。无论是什么结构的合同，均由首部、正文和尾部三部分组成。

1. 首部

首部包括标题和合同签约人。

（1）标题，一般由合同的性质和文种组成，如“×××× 合同”；在合同的顶端居中书写。

（2）合同签约人，在标题之下左侧按顺序列出签约双方（多方）的名称。是自然人签约的，应写明“甲方”“乙方”。是法人签约的，应写明各自单位的全称。签约人的称谓应根据合同的不同类型来决定的，如果是买卖合同，应写为“出卖人”“买受人”；如果是承揽合同，应写为“定作方”“承揽方”；如果是财产租赁合同，应写为“出租方”“承租方”；如果是仓储合同，应写为“存货方”“保管方”；如果是技术转让合同，应写为“让与方”“受让方”；如果是承包合同，应写为“发包方”“承包方”；如果是借款合同，应写为“贷款方”“借款方”；等等。为了行文方便，在名称之后用括号注明“（以下简称甲方或乙方）”。在契约人项下注明其基本情况。如果是制式合同，还应写明合同编号、合同签订地点及签订时间。

2. 正文

正文是合同的核心内容，包括开头、主体和结尾。

（1）开头，写明双方（多方）签订本合同的缘由或目的。

（2）主体，即合同条款，其内容由当事人约定。

（3）结尾，包括合同生效的条件与时间，合同的正、副本份数及保存情况。

3. 尾部

尾部包括署名和签约日期。

在正文末尾的下方，签约双方（多方）需签字或盖章。如果是法人签订的，除了写明单位全称和法定代表人姓名，还应加盖公章或合同专用章；如果是自然人签订的，需要个人签名或加盖私章。同时，注明签约日期。

9.2.2　写作注意事项

制作合同时必须遵守国家法律、法规，必须保证合同内容是合法的，合同条款必须限定在法律许可和保护的范围之内，合同确认的权利义务，必须是当事人依法可以行使的权利和应承担的义务。

合同条款内容要完善，表达要周密严谨，避免内容笼统、含混不清、模棱两可。

9.2.3　范文示例

劳动合同

甲方：×× 市 ×××× 公司

法定代表人：李 ××

地址：×× 市 ×× 区 ×××× 路 ×× 号

乙方：王 ××

居民身份证号码：××××

家庭住址：×× 省 ×× 市 ×× 区 ×××× 路 ×× 号

甲乙双方本着平等、互利的原则，根据《中华人民共和国劳动合同法》的规定，一致同意签订本合同。

第一条　甲方录用乙方从事 ×××× 工作。

第二条　劳动合同期限从 ×××× 年 ×× 月 ×× 日起至 ×××× 年 ×× 月 ×× 日止。其中试用期限为 × 个月，至 ×××× 年 ×× 月 ×× 日止。

第三条　甲方的基本权利和义务：……

…………

第四条　乙方的基本权利和义务：……

…………

第五条　工资待遇。

…………

第六条　工作时间。

…………

第七条　劳动保险及福利待遇。

…………

第八条　劳动合同的变更和解除。

…………

第九条　本合同一式三份，甲乙双方各执一份，报鉴证机关存留一份。本合同自双方签字之日起生效。

甲方：×× 市 ×××× 公司　　　　乙方：王 ××

法人代表：李 ××

×××× 年 ×× 月 ×× 日　　　　×××× 年 ×× 月 ×× 日